講談社選書メチエ
KODANSHA SENSHO MÉTIER
305

ポル・ポト〈革命〉史

虐殺と破壊の四年間

山田 寛

●目次　ポル・ポト〈革命〉史

第三章　ポル・ポト政権

第四章　革命の正体

はじめに

二〇世紀は革命がいっぱいだが、中でもカンボジアのポル・ポト革命は特異な革命だった。あまりにも秘密と謎に包まれていた。森での抵抗→政権→森での抵抗と、Uターンした革命運動も珍しかった。政権奪取後、戦争の間協力したベトナムと社会主義兄弟の骨肉の争いを演じた。そして何よりも世界を仰天させたのは、人口八〇〇万人足らずの小国で、推計一五〇万人もの国民を死に追いやるという、最高率の暗黒虐殺革命だったことである。

私はジャーナリストとして一九七〇年代前半にサイゴン(現ホーチミン市)、同後半から八〇年代初めまでバンコクに駐在し、カンボジアの激動とポル・ポト派の興亡を取材した。その後も、パリ、ワシントン、東京で、遠くからだがカンボジアを見つめてきた。また何回かカンボジアを再訪もした。

二〇〇一年に大学教員に転じてから、私は学生とアジアの田舎に行き小学校で小運動会を開く活動をし、その一環でもくり返しこの国を訪れた。地方には大量の対人地雷が残っていた。学校校舎は、日本のNGO(民間救援団体)なども協力し建設努力が続けられているが、絶対数があまりにも不足していた。教員の月給も二〇ドル程度で、生活のためのアルバイトに追われ、児童の体育など面倒を見ている時間もなかった。運動会で見た子どもたちの運動能力は、モンゴルやミャンマーなどと比べても劣っているように思われた。

ポル・ポト革命は教育をほぼ全否定しただけに、その負の影響は、四半世紀たってもはっきり残っていた。一方、ポル・ポト時代の虐殺を裁く裁判の審判は下っていない。言ってみれば、ポル・ポト革命の歴史はまだ終わっていないのだ。

二〇〇三年初め、講談社の選書編集部から、ポル・ポト革命の通史を書くよう示唆をいただいた時、躊躇する気持ちもなかったわけではない。一つは私がいわゆる学術的な歴史研究をしてきたわけではないこと、もう一つは国際裁判に関する国連とカンボジア政府の交渉が決着して、近く裁判が開かれそうな見通しも出ていたからだ。私自身以前から国際裁判の経過と結果を見てからまとめたい、との気持ちを持っていた。

だが、結局書くことにした。一九七〇年代は民族解放が絶対的に輝いた時代で、日本のジャーナリスト、学者にも「解放勢力」を応援し、主観的に「ポル・ポトは虐殺していない」と唱え続けた人たちがいた。一方、ベトナム応援団で、ベトナムがカンボジアを公然と非難し出してから、急に虐殺大非難に転じた人たちもいた。少なくとも私は保守反動の応援団でもないし、できるだけ客観的にポル・ポト革命を見つめてきたつもりだから、少しは書く資格があるかな、と思った。また国際裁判の方は、その後もカンボジア国内の政局混乱のせいで、いつ始まるのか依然として見当もつかない（その後、国際裁判はカンボジア側の意向で、国際的な要素を加えた国内特別法廷ということになった。開廷は二〇〇九年までずれ込んだ）。

そこで、ほぼ一年かかって自分が直接取材したもの（拙著『記者がみたカンボジア現代史25年』〈日中出版、一九九八年〉などで活字にしたものも少なくない）を整理し直し、再構成し、また外国の研究者の調査研究を中心とする諸文献に当たって、この本にまとめた次第である。

なお、次の点を前もって付記したい。

①　ポル・ポト政権は、国名の表記に「カンボジア」でなく、現地語の「カンプチア」を使っているが、分かりやすくするため「カンボジア」で統一した。

②　現地の正確な発音では、たとえば「シアヌーク」は「シハヌーク」となるが、日本で長く使われ、今もメディアの多くで使用されている表記を用いることにした。

③　日本では「ポル・ポト派」と呼ぶが、世界では「クメール・ルージュ」が一般的だ。本書では原則としてポル・ポトという名が出てからは、「ポル・ポト派」とした。

④　多くの国民を苦しめたものを解放とは呼べないから、「解放勢力」などとかっこをつけて表記した。

主な登場人物・関係者一覧

カンボジア王国（シアヌーク政権）一九五八年

ノロドム・シアヌーク　前国王（最高権力者）
ペン・ヌート　首相
ソン・サン　蔵相
ロン・ノル　国防相
フー・ユオン　商工相

同一九六九年

ノロドム・シアヌーク　国家元首
ロン・ノル　首相兼国防相
シリク・マタク　第一副首相

カンボジア民族統一戦線・王国民族連合政府一九七〇年―一九七五年

ノロドム・シアヌーク　戦線議長・国家元首
ペン・ヌート　首相
キュー・サムファン　副首相兼国防相兼軍最高司令官
サリン・チャク　外相
イエン・サリ　副首相府特別顧問
フー・ニム　情報宣伝相

フー・ユオン　内務・農村改革・共同体相
コイ・トゥオン　国民経済・財政相
サロト・サル　最高軍事司令部副議長

クメール共和国（ロン・ノル政権）一九七〇年―一九七五年

ロン・ノル　大統領
シリク・マタク　副首相
ソン・ゴク・タン　首相
チェン・ヘン　国家元首
イン・タム　首相
ロン・ボレト　首相
ソステン・フェルナンデス　軍総参謀長
（民族統一戦線・王国民族連合政府側は、以上の七人を売国奴と呼んだが、この七人以外は許すようなことを言っていた）
ロン・ノン（大統領の実弟）　平定計画相

民主カンボジア（ポル・ポト政権）一九七六年―一九七九年（政権時代に粛清されなかった者）

ポル・ポト（サロト・サル）　首相・共産党書記
ヌオン・チェア　共産党副書記・党粛清の責任者
タ・モク　南西部地域書記・国軍総参謀長
ソン・セン　副首相（公安・国防担当）、Ｓ２１担当
イエン・サリ　副首相（外交担当）
キュー・サムファン　国家幹部会議長
ケ・ポク　中部地域書記

イエン・チリト	社会問題相。イエン・サリの妻	
キュー・ポナリー	民主婦人連合会長。ポル・ポトの最初の妻	
ユン・ヤット	文化教育相。ソン・センの妻	
ティウン・マム	国家科学技術委員長	

S21で粛清された主な人々

（約一万四〇〇〇人という犠牲者のうち、主な人々をアイウエオ順で列記した。かっこの中は別名＝革命のための偽名。名前の下はおもな役職、逮捕・粛清された年）

イム・ナン	チュー・チェトの妻・三二区書記	七八年
ケオ・メアス	党中央委員	七六年
コイ・トゥオン（クオン）	党中央委員・北部地域書記	七七年
シエト・チェ（トゥム）	軍参謀本部幕僚	七七年
シエン・アン	駐ベトナム大使	七七年
スア・バ・シ（ドゥーン）	党中央委員会事務局長	七七年
スアス・ネウ（チューク）	第二四区書記	七六年
スバウブ・ヒン（ユアン）	第三一〇師団書記	七七年
ソク・トゥオク（ボン・ベト）	副首相	七八年
ソプ・ヘアプ	ボン・ベトの娘・党高級幹部	七八年
チャン・チャクレイ	軍参謀本部副書記・第一七〇師団政治委員	七六年
チュー・チェト（シー）	西部地域書記	七八年
ティブ・オル	情報省役人	七七年
トゥチ・プーン	党中央委員・公共事業相	七七年
ネイ・サラン（ヤー）	北東部地域書記	七六年

ノン・スオン	（チェイ）	農業相	七六年
ハク・シエン・ライ・ニー		外務省役人	七七年
フー・ニム		情報宣伝相	七七年
プク・チャイ		党中央委員会事務局長補佐	七七年
プン・ソテア		シエト・チェの妻	七八年
ムオル・サンバット	（ニム・ロス）	北西部地域書記	七八年
ヤー・ラウ		フー・ニムの妻	七七年
リ・バイ		第一七〇師団副書記	七六年
リ・ペン		東部地域軍政治委員	七六年
レン・シム・ハク		ティブ・オルの妻	七七年

S21には入らなかったが、自殺または暗殺された人物

ソー・ピム　東部地域書記（自殺）
フー・ユオン　内相（七五年粛清）

S21の現場責任者・職員

カン・ケク・イウ　（ドッチ）　所長
キム・バット　（ホー）　副所長
マム・ナイ　（チャン）　尋問班長

カンボジア人民共和国（ヘン・サムリン政権）一九七九年

ヘン・サムリン　国家評議会議長
フン・セン　同外務担当副議長

ペン・ソバン　同国防担当副議長
チェア・シム　内相
ウッチ・ブン・チューン　法相

民主カンボジア三派連合政府一九八二年

シアヌーク　大統領
キュー・サムファン　副大統領
ソン・サン　首相

カンボジア王国一九九三年

シアヌーク　国王
ラナリット　第一首相
フン・セン　第二首相（九七年以後首相）

ベトナム（一九七六年まで北ベトナム）

ホー・チミン　大統領
レ・ズアン　労働党（のち共産党）第一書記
レ・ドク・ト　労働党政治局員
バン・ティエン・ズン　大将。軍総参謀長。サイゴン総攻撃、カンボジア総攻撃作戦を指揮
ファン・バン・バ　インドシナ共産党プノンペン地区書記

中国一九六〇、七〇年代

毛沢東　共産党主席

鄧小平　共産党総書記
康生　共産党政治局常任委員・秘密情報機関の元締め
汪東興　共産党副主席
姚文元　共産党政治局員。四人組の一人

カンボジア問題研究者・ジャーナリスト・参考文献執筆者など

イト・サリン
エリザベス・ベッカー
サラ・コルム
スティーブン・ヘッダー
セルジュ・ティオン
デービッド・チャンドラー
デービッド・ホーク　人権活動家
ネト・セイヤー
ピーター・マガイアー
ベン・キアナン
マイケル・ビッカリー
マルコム・コールドウェル　プノンペンで殺された英国人学者

そのほか

ソン・ゴク・ミン　人民革命党委員長。労働党中央委員
シウ・ヘン　人民革命党地方委員長。一九五九年脱党
トゥー・サムート　労働党書記。一九六二年行方不明。殺されたと見られる

ソン・ゴク・タン　右派民族主義運動指導者。ロン・ノル政権時代、一時首相

ローレンス・ピック　ポル・ポト政権外務省高官の妻（フランス人）

（写真協力）

山田寛　読売新聞社　中村梧郎　JPS　ワイド・ワールド・フォトズ　AP

AsiaWorks Photography　朝鮮通信　UPI・サン　共同通信　ロイター

講談社写真資料部

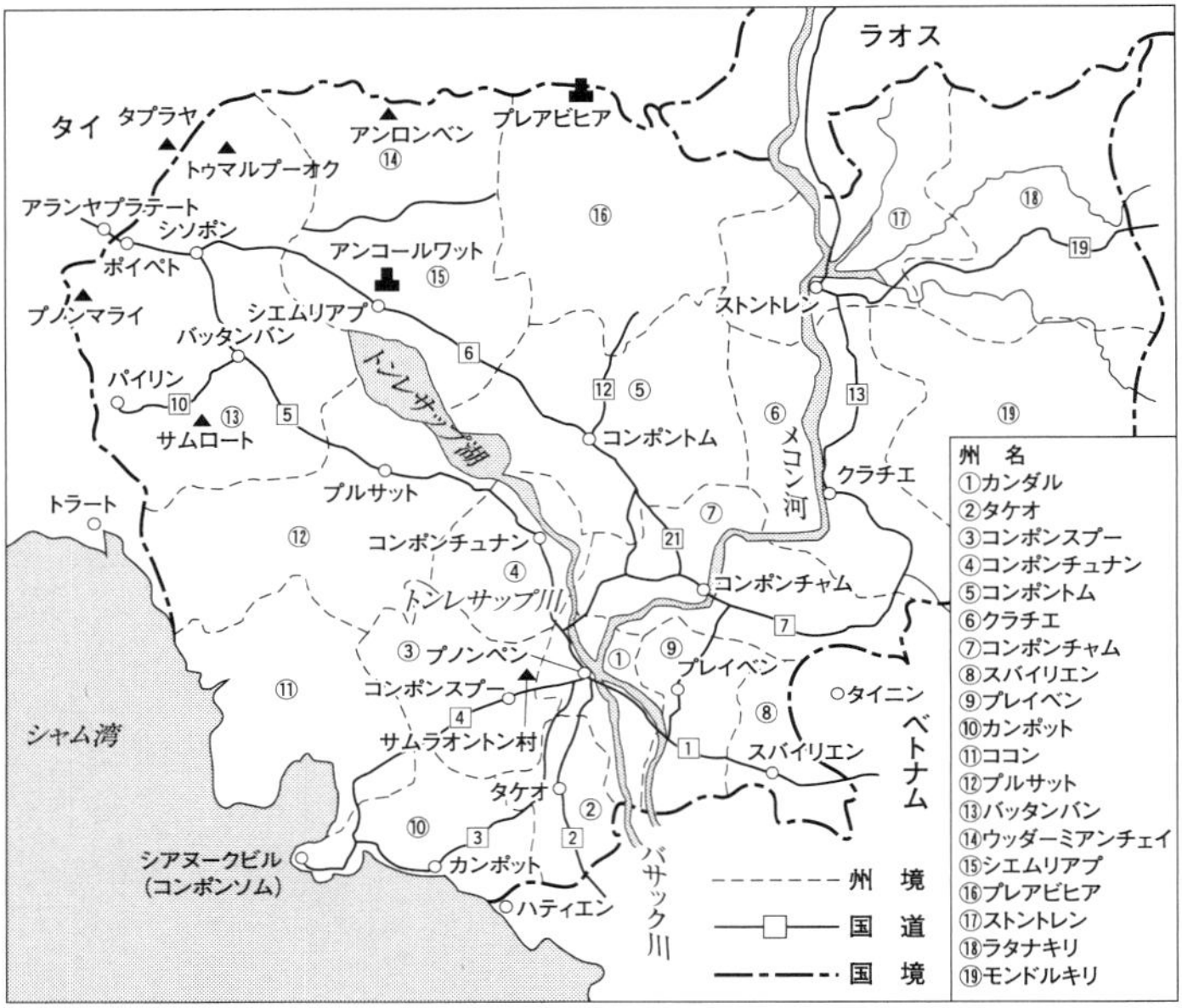

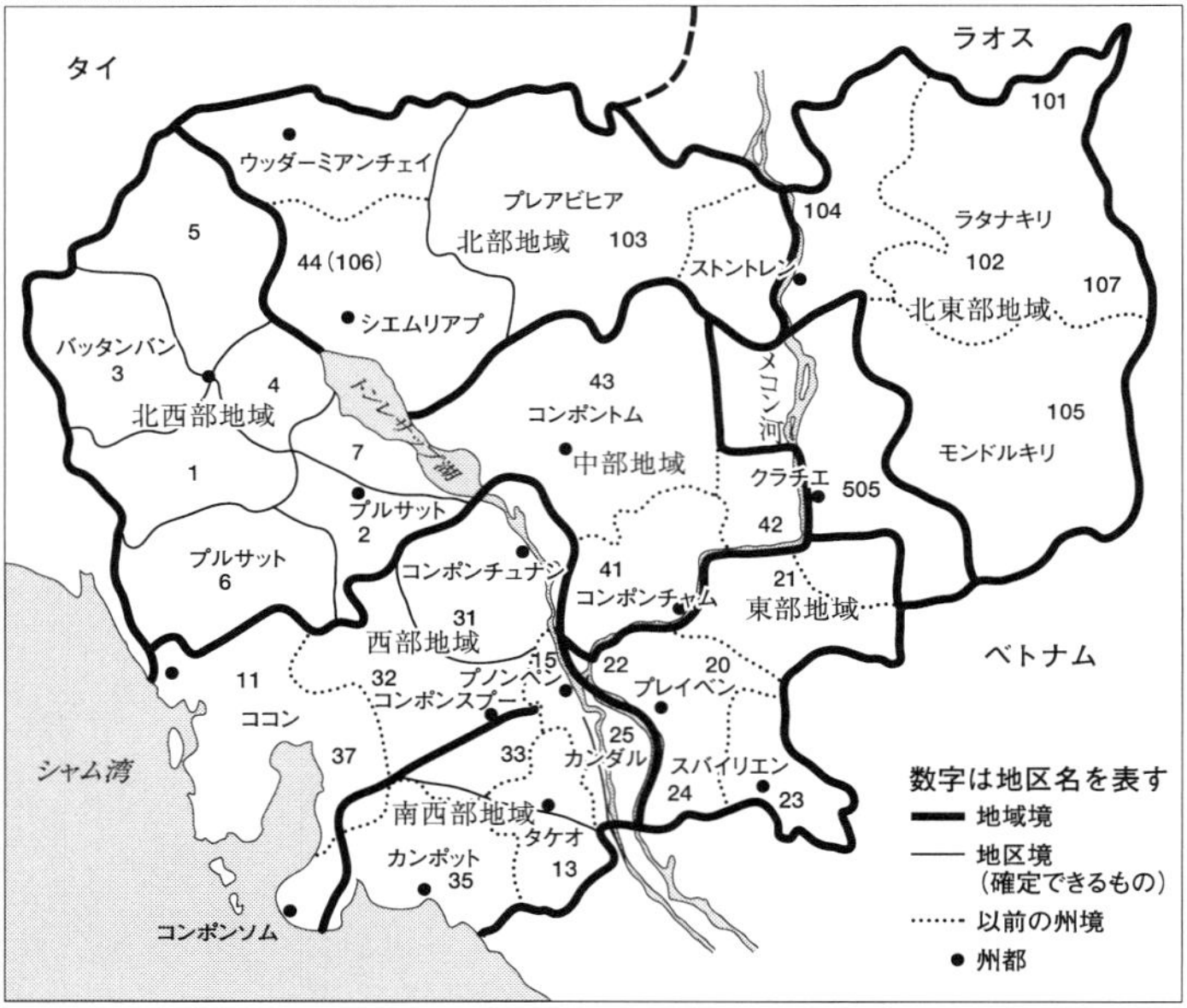

カンボジアの行政区分(上:ポル・ポト政権時代以外　下:ポル・ポト政権時代)

第一章

ポル・ポト共産主義はどう生まれ育ったか

カンボジアの平穏な夕景　たそがれ迫るメコン河をすべっていく小舟（1970年撮影）

1　革命家の誕生

指導者の生い立ち

秘密に包まれた革命家、ポル・ポトが自分の過去の私生活について公に率直に語ったのは、生涯でほとんど一回だけだ[1]。死ぬ半年前の一九九七年一〇月、カンボジア北西部の森にあったポル・ポト派（クメール・ルージュ[2]）残党の本拠地アンロンベンで、米人ジャーナリスト、ネト・セイヤーからインタビューを受けてこう答えている。

「生まれは一九二五年一月。（これまで二八年などいくつも説があったが）奨学金をもらうため実際より若くウソをついた」「フランス留学中、私はできの悪い学生でもなかった……時間があれば本を読んでいたよ」「セーヌ川岸で古本を買って読むのが楽しみだった。『フランス大革命』も読んだが、全部は分からなかった。インドのガンジーの運動についても読んだ。とてもよかった」「私は民族主義者から始まって愛国者になり、それから進歩的な本を読み出した。それまでは『リュマニテ』（フランス共産党機関紙）など恐くて読めなかった」「（留学中に、ソ連に造反したユーゴスラビアに行き、労働奉仕隊に加わったのは）単に夏休みでお金がなかったから。楽しむのが目的さ。だから、私はどこか一ヵ所から影響を受けたわけではない。あちこちから少しずつだ」「真に政治的に目覚めたのは帰国してからだった。土地や水牛を持っていい暮らしをしていた親類が、全部を失っていた。そんな国の現実からもっとも影響を受けた」「子どもの時から、自分を語ったことなどなかった。無口で本当に控えめな人間なのさ。自分が指導者だなどと人々に吹聴したくないのだよ」[3]。

本名はサロト・サル。結局このインタビューでも生年月日の「日」は判明していない。生地は中部コンポントム州プレクスバウ村。田九ヘクタール、畑三ヘクタールを所有していたというかなり裕福な農家に生まれた。姉は国王の夫人の一人になり、兄も王宮に関わるような家だった。だが、六歳のころサルは親元を離れてプノンペンの兄たちのもとへ送られ、僧院生活を体験する。その後、王宮近くのカトリック系小学校、東部コンポンチャム州の全寮制のノロドム・シアヌーク中学校に学び、ほぼフランス語による教育を受け続けた。

ポル・ポト派ナンバーツウ、ヌオン・チェアは一九二七年、西部バッタンバン州の富裕な家庭に生まれている。二人に続く指導者たちの誕生はその数年後で、イエン・サリとソン・センは共にベトナム南部・コーチシナのカンボジア系地主、キュー・サムファンはコンポンチャム州の裁判官の家に生まれた。ポル・ポトの妻となるポナリー、イエン・サリの妻となるチリトのキュー姉妹の父はプノンペンの裁判官。シアヌーク国王の祖父母の家族と親しく、シアヌークも子ども時代の彼女らをよく知っていた。姉妹の父はやがて王女の一人と出奔してしまうが、それほど王族に近い、上流中の上流階級だった。

サルやサリを共産主義へ引っ張り込んだ先輩のティウン・マムにティウーン、チュム、プラシットを加えたティウン四兄弟となると、プノンペンのもっとも有力な、ノロドム王家のライバルという家柄の出身だった。四兄弟はそろってポル・ポト政権の閣僚を務めた。そしてポル・ポト軍総参謀長のタ・モク。ポル・ポト派の中で最強硬派と言われた彼も、タケオ州の富裕な木材業兼農民の息子だった。フー・ニム、フー・ユオンら貧農の家に生まれた者もいるが、彼らは最高指導部には入れず、粛清された組である。

「二〇〇〇年以上に及ぶ歴史の中で本当に初めて、底辺の人民が国家権力を手中にした」。

一九七五年四月に誕生したポル・ポト政権の歴史的意義について、後にポル・ポト自身が誇り高くもこう強調した。だが、自分たちは底辺どころではない。イエン・サリをはじめ当時のカンボジアの最高学府、シソワット高校の卒業生が目立ち、ポル・ポトを筆頭に元フランス留学生がそろっていた。さらに、元教員だらけだった（表1）。

後述するようにポル・ポト革命は、観念的で現実から遊離した革命だった。超農本主義のようで、農業や農民の実情を無視した生活や生産を押しつけた。農民との一体感が希薄だった。それは指導者たちのこうした経歴が影響しているのは間違いない。

抗仏独立運動

一八六三年以来フランスの保護領だったカンボジアで抗仏民族運動、さらに共産主義運動が動き出したのは、一九三〇年前後である。三〇年一〇月、隣国のベトナムでインドシナ共産党が結成された。その党細胞はすぐ、カンボジア・コンポンチャム州のチュプ・ゴム園のベトナム人労働者の間にできた。後にポル・ポト政権は、「インドシナ共産党」の名称自体、「インドシナ連邦」樹立をねらうベトナムの野望の現れだと主張したが、名称はコミンテルン（共産主義インターナショナル）の指令に沿うものだった[4]。

表1　ポル・ポト派＝カンボジア共産党指導者・幹部の出身と経歴

	有産・エリート ブルジョワ・プチブル階層出身	シソワット高校卒業	フランス留学	教員経験
ポル・ポト（首相・共産党書記）	○	×	○	○
ヌオン・チェア（共産党副書記）	○	×	×	×
イエン・サリ（副首相）	○	○	○	○
ソン・セン（副首相）	○	×	○	○
タ・モク（軍総参謀長・党南西部地域書記）	○	×	×	×
キュー・ポナリー（ポル・ポト夫人）	○	○	○	○
イエン・チリト（社会問題相・イエン・サリ夫人）	○	○	○	○
キュー・サムファン（国家幹部会議長）	○	○	○	○
ケ・ポク（党中部地域書記）	×	×	×	×
ティウン4兄弟（閣僚）	○	△	○	△
ソー・ピム（党東部地域書記）	×	×	×	×
ボン・ベト（副首相）	○	×	○	○
フー・ニム（情報宣伝相）	×	○	○	○
フー・ユオン（王国政府・農業・共同体相）	×	○	○	○
カン・ケク・イウ（S21所長）	×	○	×	○

（ティウン4兄弟には、シソワット高校卒業生も教員もおり、そうでない者もいるので△）

抗仏民族運動は徐々に広がった。おりしも日本軍がインドシナに進駐し、四一年半ばにはカンボジアにもやってきた。そんな時、モニボン国王が死亡、ノロドム・シアヌークが新国王になった。フランスのインドシナ総督が継承順位を二人も飛ばして一八歳のシアヌークを国王に選んだのは、自分たちの指示に素直に従うと思ったからだろう。だが、フランスの弱体化を見て、反植民地民族主義が盛り上がった。四二年七月には、日本とつながったソン・ゴク・タンらに指導され、僧侶を中心として、初めての大反仏デモが起きた。

青年国王もやがて従順ではなくなった。四五年三月、日本軍はインドシナ全域でフランス軍を武装解除し、行政権を取り上げた。シアヌークは日本の手のひらの上に乗り、カンボジア独立を宣言した。しかし、やがて日本軍の敗戦でフランス軍が戻ってくると、そんな独立はあっさり吹き飛んでしまった。

だが、独立運動の火は消えない。「クメール・イサラク」（解放クメール。クメールとはカンボジアの主要民族のこと）という抗仏武力抵抗集団が各地に出現した。インドシナ共産党が四一年に設立したベトナムの統一戦線「ベトミン（ベトナム独立同盟）」もイサラクを支援し、影響力を広げる。四五年後半、イサラクからベトミン、そしてインドシナ共産党のメンバーとなる二人の元僧侶の活動が、ベトナムを本拠に始まった。ソン・ゴク・ミンとトゥー・サムートである。同じ頃シウ・ヘンもインドシナ共産党に加わる。彼らが草創期のカンボジア共産主義の実力者三羽烏だった。さらに四六年以後、ネイ・サラン、ケオ・メアス、ノン・スオンら共産主義者第一世代の面々がカンボジア国内で本格的に動き出した。後のポル・ポト政権出現に向けての第一ステップは、この一九四五〜四六年の抗仏独立運動の広がりだった。

フランス留学

支配回復をねらったフランスは、四六年末からベトナムで第一次インドシナ戦争に突入したが、カンボジア政府とは協定を結び、憲法制定、政党結成などの許可を与えた。しばらくの間政党の時代がやってきた。長いフランス生活から帰国したシソワット家の王族の一員、ユティボン殿下が民主党を立ち上げた。民主党は民族独立、民主主義、改革を掲げ、革新派やインテリ、僧侶らの支持を集めた。四六年の制憲議会選挙、四七年末の第一回国会選挙で圧倒的多数の議席を獲得した。

フランス留学前のサロト・サルやイエン・サリの政治活動は、まず民主党の選挙運動の手伝いから始まった。サルは、首都郊外の技術専門学校に進んでいたが、四九年から五二年末まで三年あまり、フランスに留学した。彼がなぜ留学の奨学金を受けられたかははっきりしないが、民主党とのつながりが物をいったとの見方が強い。イエン・サリの方はより成績優秀で、名門シソワット高校を経て五一年から五七年初めまでパリ生活を送った。

一九五〇年代のフランスには、将来のカンボジア共産党員が大集合した。冒頭のインタビューに戻ると、サルのパリ生活前半は文学、歴史、政治など様々な書物を読みふけった時期だったようだ。ポル・ポトと非暴力のガンジーではミスマッチだが、サルは、フランス中部のポワチエに軟禁中の右派民族主義者ソン・ゴク・タンに会いに行ったりもしている。無線・電気を学びに来たのに勉強はまったくしないから、奨学金は打ち切られる。サリやソン・センほかの多くも、不勉強や政治活動が理由で奨学金を停止されている。

やがてサリ、ラト・サムーンら積極活動派が合流し、一九四〇年代半ばから留学中のティウン・マム、ケン・バンサク[5]といった過激派先輩と共産主義文献の討論グループ会合などをさかんに開くようになると、サルは共産主義へと傾斜し、フランス共産党に入る。

当時、フランス共産党はスターリン主義の一大センターだった。

五二年六月、本国カンボジアではシアヌーク国王が民主党内閣を罷免、国会を解散し、全権力を握った。"王様クーデター"だった。この時、サルはカンボジア人留学生機関誌の特別号に「王制か民主主義か」と題する論文を発表、ダントン、ロベスピエール、スターリン、レーニン、孫文らの名を挙げ、王制を打倒し民主主義を導入した革命を讃えている。サルはこのころすでに共産党の権力者を目指していたともいう。フランス人作家のフランソワ・ドブレが、元討論グループ仲間の話として、彼がこう公言していたと伝えている。「僕は将来、革命組織を指揮する。その書記長となる。閣僚たちを統制するのだ」[6]。

こうしてフランス留学時代、後の革命家が誕生した。

2　森へ

人民革命党に入る

五三年一月、サルは帰国した。冒頭インタビューの「親類の没落を見た」は事実だろうが、少年時代赤貧の苦労をなめたなどというのと比べ、「真の目覚め」の原因としては弱い。彼は、インドシナ共産党のプノンペン地区書記、ベトナム人のファン・バン・バに接触し、五三年半ばから約一年間、東部地域の森に入り、ベトナム人、カンボジア人の党員たちと一緒に党の一拠点で働いた。バと、彼の下にいるトゥー・サムートから訓練や政治教育を受けた。バは後のポル・ポト政権時代にベトナムの駐プノンペン大使を務めている。彼はポル・ポト政権崩壊後のいくつかの会見で、自分がサルのフランス共産党員の身分を確認後、後述するクメール人民革命党への入党を許可した事情を明らかにしている。そして、「サルは、能力は中ぐらいだったが、権力欲は際立っていた」と証言している。ただし、ポル・ポトの場合、冒頭のインタビューでも言及しているように、静かな権力欲と呼ぶべきかもしれない。指導者として天下に認められる必要はない。密かに実力者でいるのが彼には一番なのである。

クメール人民革命党は、サルらが留学中の五一年九月三〇日に結成された。その前の二月、インドシナ共産党は表向きみずからを解党し、ベトナム、ラオス、カンボジアのそれぞれに共産主義的政党を結成することを決めた。カンボジアに結成されたのが、クメール人民革命党である。結成は同年九月三〇日、委員長はソン・ゴク・ミン。トゥー・サムート、シウ・ヘンらももちろんメンバーだ。ベトナム労働党と違い秘密政党だった。発足時のカンボジア人党員数は、文書により情報によって一五〇人から一〇〇〇人とまちまちだが、とにかく数百人の規模だったのだろう。在カンボジアのベトナム人党員はその数倍~十数倍もいたとされる。党の規約や綱領の草案も、ベトナムが作り、カンボジア語に翻訳された。

党規約には「マルクス・レーニン主義」の文字はない。カンボジアはまだそれを掲げるまで進んでいないと、ベトナムの後見人たちが判断したためだ。だから党名もせいぜい「人民革命」。こうして、ベトナムの手のひらに乗って現れた政党は、後にポル・ポトの共産党史から切り捨てられることになる。だが、フランス留学で他の多くの仲間と共に共産主義者となり、帰国して人民革命党に入り、第一次インドシナ戦争の裏で訓練を積んだ——この中身の濃い時期全体が、ポル・ポト政権出現への大きな第二ステップだった。

シアヌーク翼賛体制

〝王様クーデター〟の後、シアヌーク国王は、独立要求運動もあくまで自分の専権事項だというように五三年、「独立のための王室十字軍」運動を展開し、フランスとの交渉の末同一一月に完全独立を達成した。五四年五~七月、第一次インドシナ戦争休戦のためのジュネーブ会議が開かれ、カンボジアに関しては、独立を尊重すること、ベトミン軍が国土から撤退すること、五五年中に国会選挙を実施することなどが決まった。ベトミンと戦いを共にしたカンボジアのゲリラの多くは独立を歓迎して故郷の田畑に帰ったが、約一〇〇〇人は政府の弾圧を恐れて北ベトナムに向かった。ソン・ゴク・ミン、ケオ・モニら大物も含まれていたが、シウ・ヘンのように、いったん北ベトナムに行き、その後でカンボジアに帰った者もいた。サロト・サルや、東部地域で彼の弟分になったソク・トゥオク(ボン・ベト)らは、故郷の田畑でなくプノンペンでの党活動に舞い戻った。

五五年の選挙を前に、民主党ではパリ帰りのティウン・マム、ケン・バンサクら急進派が支配権を握った。地下の人民革命党は、表の合法組織として「プラチアチョン」(人民派)を発足させた。サロト・サルは、この両党派の裏側で工作活動に努めたようである。過半数の議席が左翼陣営にいくことすら予想された。

ところが、ここでまたシアヌーク国王が思い切った手を打つ。だいたい国の独立も自分一人で勝ち取ったと思っている彼は、さらに政治の実権を完全に握りたいと考えた。シアヌークは五五年三月に王位を父に譲り、憲法上の制約から離れると、翼賛政治運動組織「人民社会主義共同体（サンクム）」を結成した。ロン・ノル、シリク・マタクら右派と協力して、政党政治をつぶす戦略だった。サンクム以外の政党活動は厳しく弾圧された。こうして五五年九月の選挙は、絶大なシアヌーク個人の人気と、激烈な選挙干渉と暴力で、サンクムが九一全議席を独占する結果となった。国王がこのような策に出なかったら、複数政党制議会民主主義が定着し、サルらの党も弱小政党として地上での戦い継続を余儀なくされた可能性が強い。だが、シアヌークは五七年に民主党を解散に追い込み、六二年にはプラチアチョンも公に潰し、反対派を地下へ地下へと追いやってしまう。この五五年選挙とシアヌーク翼賛体制確立をポル・ポト政権出現への第三のステップと呼ぶことができよう。

選挙演説を終え、プノンペンの宮殿に帰ってきたシアヌーク殿下

その後、一九六〇年代末までシアヌーク専制政治と翼賛体制が続いた。シアヌークは気まぐれで、左翼の知識人や政治家を重用すると思えば一転して弾圧する。キュー・サムファン、フー・ニム、フー・ユオンを閣僚や次官として使う一方で、首都の路上で警官たちがサムファンをさんざん殴りつける事件も起こした。だが、左翼の政策を先取りして反帝国主義・中立外交を掲げ、中国に接近し、米国、南ベトナム、タイの反共政権に

対する非難を強めたから、左翼側もいじめを我慢しながら支持するほかなかった。

党を握る

人民革命党員と左翼の活動家の多くは一九五〇年代後半～六〇年代前半には、教員生活を送った。イエン・チリトは自分で英語教育の学校を設立したが、キュー・ポナリー、ソン・センと妻のユン・ヤットはシソワット高校で、サロト・サル、ボン・ベトらは私立チャムルンビチア高校、フー・ユオン、イエン・サリらは私立カンブボット高校だった。この二つの私立学校は、左翼教員の砦《とりで》となった。サルは仏文学や歴史などを教えていたが、偉ぶらず穏やかな先生の魅力的な授業として、好評だったようである。

しかし、その裏側でサルは党内で地位を固めて行く。

一九七三年に書かれた党史によると、五六年に人民革命党は、農村での活動を担当する地方委員会（シウ・ヘン委員長）と都市を受け持つ都市委員会（トゥー・サムート委員長）を設置した[7]。カンボジア現代史学者で米国エール大学カンボジア大量虐殺計画研究センター長のベン・キアナンは、都市委員会のメンバーはサムート委員長のほかにヌオン・チェア、ノン・スオンとケオ・メアスまたはサロト・サルだったと推測している。そして、サルが都市委員会もしくはプノンペン支部で実権を握り、まもなく党全体の実力者にのし上がった要因として、次の三つを挙げている。

第一に、サムートがベトナム国境地帯に留まり、首都での活動に直接タッチしなかったこと。第二に、ケオ・メアスなどジュネーブ協定に基づく合同委員会で公的役割を与えられた者は、秘密政党活動を行い難くなったこと。第三に、シウ・ヘンの裏切りで地方委員会が問題行動を重ね、活動不能に陥り、都市委員会が実質的な党中央委員会になったこと8。革命への情熱を失っていたシウ・ヘンは、五六年から国防相のロン・ノルに内通し、五九年には脱党してバッタンバンに引きこもってしまった。後の一九七五年、「解放勢力」がバッタンバンを占領した直後、ヌオン・チェアの命令により殺されたという9。

以上の三つに加え、サルが早めに帰国し、東部の森の拠点で訓練を積み、五四年からは首都で党活動に従事して基盤を固めたことで、後から帰国した他の留学生仲間、たとえばイエン・サリ、ソン・センらを出し抜き、優位に立てたのも確かだった。

その上で、第四のステップである。次の三幕劇を経てサルは党のトップの座を獲得する。

ナンバー・ワンへの三幕劇

第一幕は六〇年九月の党大会。プノンペン鉄道駅の構内に密かに二一人の人民革命党幹部が集まり、第二回党大会が開かれた。五一年の党会議を第一回党大会とし、これが第二回になるわけだが、後にポル・ポト政権になってから作られた党史では、この六〇年の会議こそが「カンボジア共産党」の第一回党大会と規定された。

ベトナム労働党はその直前に、南ベトナム民族解放戦線の樹立＝南部武力解放戦争突入を決めていたから、カンボジアにも連帯の輪を広げようとしたのだろう。党名もベトナムにならいカンボジア労働党と改められた。ベトナムに居続けるソン・ゴク・ミンが名目的にせよ、八人の中央委員の一人として残った。だから、ベトナムの影響を強く受けた大会だったのは、明らかである。トゥー・サムートが書記、ヌオン・チェアが副書記、サロト・サルが序列三位の書記補佐に決まった。四番目はムー

表2　党の中央委員会の顔ぶれ

	1960年9月の党大会後	1963年2月の党大会後
書記	トゥー・サムート	○サロト・サル
副書記	ヌオン・チェア	ヌオン・チェア
序列3位	○サロト・サル	○イエン・サリ
4位	○ムーン×	ソー・ピム×
5位	○イエン・サリ	○ボン・ベト×
6位	ケオ・メアス×	○ムーン×
7位	ソン・ゴク・ミン	プラシット
8位	ソー・ピム×	ムオル・サンバット×
9位		タ・モク
10位		プオン×
11位		○ソン・セン
12位		ソン・ゴク・ミン

□で囲んだ名前は、政治局員
ムーンはコイ・トゥオンと見られる。
名前左側の○は元仏留学生、右側の×はポル・ポト政権時代に粛清されたか自殺した者

ン（コイ・トゥオンとみられる）、五番目がイエン・サリ、以下ケオ・メアス、ソー・ピムらも中央委員。つまり、フランス留学帰りが序列三、四、五位を占めることになったようだ。

第二幕は、六二年七月のトゥー・サムートの失踪《しっそう》である。

この年、政権はノン・スオンら表のプラチアチョン党員の逮捕に全力を注いだ。党指導者たちには護衛がつけられ、サムートも十分警戒していたはずだが、プノンペン市内の隠れ家から誘拐された。そしてすぐ殺害されたとみられている。真犯人は確定されていない。関係者の話、研究者の見方も、「サルの陰謀説」と、「権力側による殺害説」に分かれている。シアヌークはポル・ポト政権崩壊後のインタビューで、「彼はポル・ポト、イエン・サリ一派に殺された」と語っている[10]。「サル陰謀説」派は、七年後の六九年にロン・ノル（当時首相）が「サムートが地下の共産党の党首だ」と発言しており、これは政権側がサムートの死を知らなかったことを示している、と説明する。たしかに、七八年にポル・ポト政権が出したベトナム非難文書『黒書』（筆者はポル・ポトとされる）でも、サムートはベトナムの傀儡《かいらい》として冷たい扱いを受けている[11]。

一方、「権力側殺害説」の研究者たちは、「サムートは警察の襲撃に引っかかり、サムートとは分からないまま連行され殺された。だからロン・ノルが知らなくても不思議はない」と主張する。サムートはたしかに親ベトナム派だったが、当時はサルもまだ親ベトナムであり、対立はなかったはず

だと説明している。

ポル・ポト自身は冒頭に引用したインタビューで、サムートは病気の我が子のため医者を呼びに行こうとした際、仲間の裏切りでロン・ノルの家に連行され、一週間尋問されてから殺されたと説明した。だが、サルが権謀術数で自分の長年の師・後見人を葬り去った可能性は少なくない。とにかく、かつての共産主義実力者三羽烏のうち、ソン・ゴク・ミンはベトナムに行ったきり、シウ・ヘンは裏切り者、残るサムートも消えた。

そして、第四ステップの最終第三幕。翌六三年二月、プノンペンでやはり秘密裏に開かれた党大会で、サルは、ヌオン・チェアを追い抜き、ついにナンバー・ワンの書記となる。チェアは裏切り者シウ・ヘンと従兄弟関係にあったので、トップの座を遠慮したとも言われている。米人研究者のデービッド・チャンドラーはさらに、チェアは「シウ・ヘンから金を受け取った」という噂のために書記になれなかったが、その噂を広めたのはサル自身だったと指摘している[12]。シウ・ヘンのおかげでチェアも出し抜けた。チェアは辛抱強く、粘り強く、それから三〇年あまりもポル・ポトの次席を務めることになった。

この六三年党大会の人事で元フランス留学生組を中心とする「ポル・ポト共産党」体制ができあがった（表2）。ソー・ピムも書記を目指したというが駄目だった。インドシナ共産党以来の古参共産主義者は力を失っていく。サルをはじめ新しい指導者たちは、シアヌーク政権との協力よりも対決を求めていた。改革よりも革命を指向していた。

「第一〇〇局」

同じ六三年二月に、シエムリアプで警官の暴行に抗議する高校生のデモが発生、地区警察本部が襲撃・略奪される騒ぎとなった。デモや暴動はプノンペンその他に広がり、怒ったシアヌークは三月上旬に、ロン・ノル国防相が作成した「破壊活動分子三四人」のリストを発表する。閣僚のキュー・サムファン、フー・ユオンから、サロト・サル、イエン・サリ、非共産主義者のケン・バンサクまで含めた左翼インテリ不穏分子一覧だった。政権側は、左翼教員らが各地の暴動を煽《あお》っていると考えたのだ。サルも秘密党の指導者としてではなく、あくまで左翼教員として登場している。サルの正体はほとんど知られていなかったのだ。

シアヌーク自身には一斉逮捕に乗り出す意思はなかった。だが、サル、サリは、いよいよ地下に潜《もぐ》るときが来たと判断、六三年五月そろって首都から姿を消し、東部コンポンチャム州の森に潜入した。二人の妻のポナリー、チリト姉妹、ヌオン・チェア、ソン・センらも、その後二年ほどの間に後を追った。

サル、サリは、六五年までコンポンチャム州内の「第一〇〇局」と呼ばれる秘密基地に留まっていた。国境のベトナム側かもしれない孤立した地域である。ソー・ピム、ケオ・メアスらもいた。ベトナムでは、米国がベトナム戦争の泥沼にどんどん足を踏み入れつつあった。六五年二月には米軍機の北爆（北ベトナム爆撃）が開始され、三月には海兵隊のダナン（中部ベトナム）上陸で、いよいよ米軍の直接介入が始まった。第一〇〇局も南ベトナム政府軍、そして米軍の攻撃を避けて、国境地帯をこまかく移動した。

ベトナム戦争激化は、さしあたってシアヌーク中立外交をいちだんと左寄り、ベトナム共産勢力との協力路線へ旋回させた。南ベトナムには、旧敵のソン・ゴク・タンが頑張っていて、クメール・セライ（自由クメール）を名乗り、反シアヌーク宣伝を展開して殿下をいらいらさせてもいた。シアヌーク政権は、六三年二月に中国と友好不可侵条約を締結する。六四年からは北ベトナムと秘密協定を結び、ベトナムの共産軍のカンボジア領内駐留・移動を認めた。六五年五月には米国と断交する。内政面でも、左翼を攻撃しながら、六三年末に貿易と銀行の国有化を発表するなど、社会主義的改革を実施していた。

だが、シアヌークとの対決路線を進み出したサルたちにとって、シアヌークの中立外交も改革も、当惑の種だった。そんなものが成功すれば、自分たちの出番がなくなるだけである。こうして、ベトナム共産勢力の立場と大きなずれが生じた。

北ベトナムと中国への大旅行

六五年、サルはケオ・メアスと、北ベトナム—ラオス、カンボジア領—南ベトナムを結ぶ森の輸送路「ホーチミン・ルート」を歩いて北上し、ハノイに旅行した。その後、中国、北朝鮮まで行く一年以上の大旅行だった。そのような長期間トップが国内を空けていられたのも、国内で活発な党活動が展開できていなかったからだろう。この旅行の中国、北朝鮮の部分は公には秘密にされたままだ。北ベトナム旅行の記録も、ポル・ポト政権の『黒書』に頼るほかない。『黒書』はベトナムを非難し、みずからの独立・正義の立場を強調するのが目的だから、事実をゆがめたり、誇張したりが激しい。その行間を読むしかない。

『黒書』によると、会談でベトナム側（レ・ズアン労働党第一書記）は「カンボジアの党に革命闘争を放棄させ、ベトナムが戦争で勝利を収めてから自動的にカンボジアが解放されるまで待つよう、主張した」「カンボジア革命が前進を続ければ、ベトナムとプノンペンの支配階級との協力に悪い影響を及ぼすからだ。さらにカンボジア革命勢力が完全に独立し、発展強化すれば、ベトナム側が支配できなくなるからだった」。

実際には、サルはベトナム側の指示に黙って従うしかなかったとみられている。

北ベトナム滞在は六、七ヵ月にも及んだようだが、中国旅行の正確な期間は判明していない。シアヌーク殿下も六五年秋に短期間訪中しているが、それと重なった可能性が強い。

サルを迎えた責任者は、中国共産党の世紀の大権力闘争「文化大革命」で「走資派（資本主義の道を歩む者）」として失脚させられる鄧小平《とうしょうへい》総書記だった。中国側が、シアヌーク政権との最良に近い国家関係を傷つけてまで、このちっぽけな党との関係を推進しようとしたとは思われない。だが、サルは中国秘密情報機関の大ボスで文化大革命でも暗躍した党政治局員候補（のち常任委員）の康生《こうせい》と親しくなった。後の六九年の訪中時もそうだが、彼は康生配下の特殊部隊で特殊訓練を受けた[13]。ちなみに、イエン・サリは文化大革命を推進した「四人組」の一人、姚文元《ようぶんげん》党政治局員と親しくなった、と伝えられる。そういえば、サリと姚文元は風貌もチョッピリ似ている。

一説では中国滞在も四ヵ月以上にのぼったといわれる。ただ、文化大革命が本格的に動き出す六六年五月よりは前に、中国を離れたようだ。

とにかく、サルの中国初訪問が彼に与えた影響はひじょうに大きかった。大躍進（本当は惨めな結果に終わったが）、人民公社、土着革命論、毛語録、中国式情報活動と粛清、文化大革命の萌芽《ほうが》など、毛沢東革命の思考やノウハウが、後のポル・ポト革命に直輸入されることになったのだ。ポル・ポト政権出現のための第五のステップといえる。

サル帰国後の六六年九月ごろ、党会議で二つの変更が決定された。一つは党名をカンボジア共産党としたことだ。共産党を名乗れば、まだ「労働党」でしかないベトナムに差をつけ、中国に並んだとの自己満足感にひたれる。だが、「共産党」の名称はインパクトが大きいから秘密政党のベールはいっそう取り難くなる。もう一つは、本拠を北東辺境州のラタナキリへ移動したことだ。ベトナム戦争の激化、米軍の猛爆撃の影響だが、サルたちにとって、少数山岳民族の地域に移り住んだことは、原始共産制の素晴らしさ、旧体制の腐敗文化にまみれていない「知識のない良さ」を認識させることになった。だが、辺境すぎて、次に述べるサムロート蜂起《ほうき》のような事態が起きると、その掌握が大変にもなった。

1968年、南ベトナム民族解放戦線幹部らを保養地バッタンバンに招き一緒に泳ぐシアヌーク

武装蜂起と弾圧

拡大するベトナム戦争に巻き込まれまいとするシアヌークの努力にもかかわらず、カンボジアは巻き込まれていく。ベトナム共産軍はカンボジア領にますます大量に、深く恒常的に入り込み、そこを安全な〝聖域〟として最大限利用するようになった。彼らはコメを必要とした。カンボジアで収穫されたコメの三〇～四〇パーセントまでもがベトナム、特に共産軍に密売される事態となった。カンボジア政府は徴税もできず、大幅な収入減である。そこで、ロン・ノル首相は、兵士まで動員して政

府が農民から強制的に安くコメを買いつけるキャンペーンを展開した。米どころのバッタンバン州が主対象だった。これに反発した同州サムロート村の二〇〇人以上の農民が反乱を起こし、政府軍陣地を襲撃して兵士二人を殺害した。これがきっかけで、バッタンバン州を中心に不穏な事態が広がった。

シアヌークは、二つの勘違いをしていた。一つは、こうした暴動を扇動しているのが、キュー・サムファン、フー・ユオン、フー・ニムら表に出ている共産主義者だと思い込んだこと。もう一つは彼ら共産主義者があくまで親ベトナムで、北ベトナムの支援を受けていると考えたことだった。殿下はサムファンら三人組を激しく非難し、軍事法廷にかけるとまで脅した。そのため、最後まで体制の内側で政治家として頑張っていた三人も、ついにこの六七年四月から九月にかけ、あい前後してジャングルへ脱出してしまった。

だが、サロト・サルら党指導部にも六七年の蜂起は予想外で、準備不足だった。武器もまるで足りなかった。結局、蜂起が厳しい弾圧で押さえ込まれると、むしろ党が関与していなかったことを強調し、党史でも蜂起に冷ややかな態度を示している。サルたちは翌六八年初めから政治闘争とあわせ武力闘争に訴える方針を正式に決定した。六八年二月二五日、クメール・ルージュはバッタンバン、タケオ、カンポット、ココン、コンポンスプーなどの各州で一斉蜂起を実施した。この日だけでライフル銃五〇丁、機関銃数丁を奪取し、シアヌークを「全面戦争だ」と仰天させた[14]。しかし、一斉蜂起も結局成功とはいかなかった。政府軍の弾圧は容赦なく、捕らえた蜂起指導者を妻子とともに殺すような残酷な処刑が繰り返された。ゲリラ勢力側はまだまだ力不足だった。

一方、シアヌーク殿下の方もコーナーに追い詰められていた。ベトナム共産軍による国土の蚕食《さんしょく》を恐れ、六九年半ばに米国との国交を回復し、カンボジア領内のベトナム共産軍基地への米軍秘密爆撃も黙認した。左派からの評判は完全に地に落ちた。ところが、その一方でシアヌークは、南ベトナム民族解放戦線の臨時革命政府を即承認したりもする。その首尾一貫しない政策に、ロン・ノル首相ら右派陣営も完全に幻滅した。経済も地盤沈下し続けた。

六九年末、ふたたびホーチミン・ルートを歩くサロト・サルの姿があった。またベトナム側に招集されたと思われる。壊れかけたシアヌーク中立政策が維持されることは、ベトナム共産側にとっていよいよ緊要になっていた。『黒書』によれば、レ・ズアンらは会談でいらだちを爆発させて、「ベトナムで勝利を収めるまで、カンボジアでは武装闘争をやめるべきだ」との立場を繰り返した。そこで、会談はきわめて緊張した雰囲気だったとしている。だが、実際にはこの時点でもサル側が反論できたとは思われない。

『黒書』は、このハノイ会談を暴露する直前の部分で、「党中央は、米国とロン・ノルがクーデターを行おうとしていることを完全に察知していた……クーデターは革命側にとってプラス以外の何物でもない。六ヵ月以上も前からそれに備えていた」と主張している。だが、本当にそう予想していたら、その重要な時期に半年も旅行していられなかっただろう。サルたちは、まだトンネルの中をさ迷っていた。出口はまるで見えていなかった。

ところが、そのクーデターが現実となる。ポル・ポト政権出現への〝タナボタ〟の第六ステップが到来した。

第二章 内戦に勝つ

森の中のサロト・サル＝ポル・ポト、イエン・サリ、ヌオン・チェア、コイ・トゥオン（右より）（JPS-NK）

1　勝負は前半戦で決まった

パンドラ・クーデター

歴史に「イフ（もしも）」を言っても仕方ないが、一九七〇年三月一八日のクーデターが起きなかったら、ポル・ポト政権も、したがって虐殺もなかっただろう。シアヌーク国家元首がフランス休暇旅行の帰途ソ連を訪問していた時、ロン・ノル首相による無血クーデターが発生した。共謀者はシソワット王家出身、シアヌークと不仲で米国と太いパイプを持つシリク・マタク副首相。彼が米情報当局の支援を得て敢行したという。後からみると、米国はとんでもないパンドラの箱を開けてしまったことになる。

シアヌークは、即時帰国を勧めるだけのソ連は当てにならないと、中国に行き、周恩来《しゅうおんらい》首相の支援を受け、ロン・ノル打倒統一戦線を呼びかける。フー・ニム、フー・ユオン、キュー・サムファンの三人がただちにジャングルから支持声明を出し、まもなくシアヌークを議長とするカンボジア民族統一戦線が結成された。シアヌークは知らなかったが、当時北京には、ハノイから回ったサロト・サルも来ていた。だが、彼は表には何の声も上げなかった。

中国の肝いりで四月二四日、その民族統一戦線、北ベトナム、南ベトナム臨時革命政府、ラオス愛国戦線の四者を集めた「インドシナ人民首脳会議」が開催され、相互の連帯・協力が約束された。五月初めには北京を本拠として、カンボジア王国民族連合政府が樹立された。クメール・ルージュとまさに呉越同舟の共同戦線だった。こうして、カンボジアは五年に及ぶ内戦に突入した。

　ロン・ノル政権は、最初からよれよれだった。七〇年一〇月に共和国を宣言し、ロン・ノルは大統領になったが、独断専行はひどくなる一方だった。ナショナリズムとベトナム人への憎悪は強烈で、ベトナム系住民を強制収容所に入れたりした。その延長で、四月に政府軍によるベトナム系住民集団虐殺事件も発生した。また彼は星占いを信じ、軍事作戦計画も占い師の予言に左右された。七一年二月には脳卒中で倒れてハワイの米軍病院に運ばれたが、右下半身が不自由になった。政権内の腐敗もシアヌーク政権時代よりさらに悪化した。

騒然とするプノンペン　北ベトナムと南ベトナム民族解放戦線軍のカンボジア領撤退を要求するデモ隊が大使館を襲い、火を放った

　戦場では、七三年初めまで敵は強力なベトナム共産軍だった。七〇年四月末、三万人の米軍、四万人の南ベトナム政府軍がベトナム共産軍の聖域をたたくため、カンボジアに侵攻した。米軍は約一ヵ月で作戦を終え、ニクソン米大統領は「大成功」と強調した。だが、実際にはベトナム共産軍は追撃を逃れて国境地帯からさらに中へ、カンボジア全土に入り込んだ。南ベトナム政府軍は米軍が引き揚げた後も二年近く残り、カンボジア領内でベトナム人同士の戦闘を繰り広げた。だが、彼らは規律の低さを嫌というほど見せつけた。略奪ばかり得意でカンボジア民衆に損害を与え、住民を「解放」側に追いやった[1]。ベトナム嫌いのロン・ノル大統領でなくても、最悪の結果だっ

ロン・ノル首相（中央）、シリク・マタク副首相（右）

た。

ベトナム軍は強かった

ロン・ノル政府側の見積もりでは、敵側兵力はベトナム共産軍が五万人、カンボジアの「解放勢力」が一万五〇〇〇人ほどだった。ロン・ノルの実弟で陰の実力者とも言われたロン・ノン大佐を含めて政府高官はこのころ、よくこんな言い方をしていた。

「北ベトナムとベトコン（ベトナム共産主義者の省略形。南ベトナム民族解放戦線のことを、米側は軽蔑のニュアンスを込めてこう呼んだ）さえいなくなれば、カンボジア人同士に大きな問題はない」。

どうしてそう言えるのか。後述するように、こうした甘い見方こそ、ロン・ノル政権側の大きな弱点だったと思われる。

これに対し、クーデター時点で三万五〇〇〇人だけだった政府軍兵力は一年後の七一年三月には二〇万人にものぼった。だが、正規の訓練を受けた兵士は、その半分がいいところ。あきらかに無理して膨らませた水ぶくれ軍隊だった。一方で、戦死や脱走などで部隊の兵士の実数が大幅減となって

共和制を祝って新しい国旗を掲げる女子学生　背後の吊された人形は、解放戦線、前王制元首、汚職官吏を現している（AP/WWP）

も、元の人数を報告し、米国援助による給料の〝幽霊兵士〟分をポケットに入れる、情けない司令官が多かった。

ベトナム共産軍は手強く、カンボジア「解放勢力」軍を指揮しロン・ノル軍を圧倒した。

ロン・ノル政権側がまず惨めな思いを味わったのが、七一年一月二二日未明の共産軍によるプノンペン近郊のポチェントン空港奇襲攻撃だった。小さな空軍が保有飛行機二二機のうち一九機を破壊されて、壊滅的打撃を受けてしまった。

そして、政府軍のチェンラ2号作戦の大敗北があった。古いカンボジアの国名に因んだ名称のこの作戦は、首都から北方へ延びる幹線国道六号線の全通を目的とし、七一年八月二〇日から始められた。ところが、一一月末から一二月初めにかけ、北ベトナム軍は六号国道沿いで首都から一〇〇キロ程度の政府軍拠点に猛攻撃を加え、政府軍の作戦参加部隊を大潰走《かいそう》させた。政府軍中の最強部隊の将兵三〇〇〇人が死亡、二〇個大隊分の装備が破壊された。物理的、精神的ダメージは強烈で、この後戦争の主導権は「解放」側に握られる。内戦終了まで、もう「解放区」がロン・ノル軍の地上攻撃で脅かされることはなかった。

こうして早くも七一年一〇月ごろには、客観的にみて国土の六〇パーセント、人口の四〇パーセントは「解放」側支配下に

1970年代初め、東部（おそらくコンポンチャム州）で開かれた共産党の会合　サロト・サル（ポル・ポト）やおもな幹部たちがみな顔をそろえた　背景にはマルクス、エンゲルス、レーニン、スターリンの写真が並んでいる
1.サロト・サル 2.フー・ニム 3.ソー・ピム 4.タ・モク 5.キュー・ポナリー 6.ネイ・サラン 7.ボン・ベト 8.キュー・サムファン 9.コイ・トゥオン 10.フー・ユオン 11.カン・ケク・イウ（ドッチ）12.ヌオン・チェア（Phnom Penh Post／Asiaworksphotos. com）

入った。七本の幹線国道はひんぱんに切断され、たとえば七三年三月時点でなんとか開通しているのは、五号線と七号線だけだった。メコン河輸送もカットされ、兵糧攻めにされた首都の食糧不足、燃料不足、物不足は深刻化するばかり。市民、特に学生の不満は募った。七一～七三年、首都はロン・ノル退陣工作、政争、反政府抗議デモ、政府軍機による大統領官邸への爆弾投下、テロなどが入り乱れ、噂と陰謀と大混乱の街となった。

実力者は隠れ続けた

シアヌーク殿下を旗印に掲げ、キュー・サムファンら左翼知識人トリオだけを表面に出す「解放勢力」側の戦略は、大成功を収めた。

シアヌークは早くも七一年一月には統一戦線内の力関係を認識したのだろう。民族解放が達成された暁《あかつき》には、自分は引退してフランスに行き、バラ作りでもして暮らす、と公に言い出した。だが、クメール・ルージュにとって、シアヌーク・カードはとにかく物を言った。この旗印のために、「解放」戦争に身を投じる者が少なくなかった。その上、ロン・ノル政権側の当局者や民衆に安心感を与え、油断をさせる上で大きな力を発揮した。

また効果的だったのが、共産党と真の実力者を徹底的に隠したことだった。王国民族連合政府の閣僚は、ペン・ヌート首相ら北京にいる殿下の側近が多く、国内組で名前がよく出てくるのはキュー・サムファン副首相兼国防相、フー・ユオン内務・農村改革・共同体相、フー・ニム情報宣伝相の三人に限定されていた。三人はシアヌーク政権時代のプノンペンで特に若者たちに人気があったが、その人気は健在だった。三人が地下に潜った後、シアヌーク政権の秘密警察に暗殺されたとの噂も流れていたから、クーデター後、シアヌークの呼びかけに応じて彼らの名前が出てきた時も、プノンペンでは、本当に生きているか分からないとして、「三人の亡霊」と呼ばれたものだった。

その後この三人は、いかにもクメール・ルージュの最高指導部であるかのような印象を与え続けた。サムファンは七一年六月には民族解放軍最高司令官まで兼務する。誰が見ても国内「解放勢力」の全権を握った最高実力者だった。だが、共産党内の序列ではやっと中央委員、他の二人は中央委員候

シアヌークの「解放区」旅行中の写真　サロト・サルはわきに控えている　左よりイエン・サリ（左奥）、フー・ユオン、サロト・サル（右奥）、フー・ニム、キュー・サムファン、シアヌーク

シアヌークの「解放区」旅行中の写真で、モニク妃（右手前）のカメラに向かい笑顔を見せるシアヌーク国王とクメール・ルージュの指導者たち　左から６人目がシアヌーク、９人目がサロト・サル

補に過ぎなかった。真の実力者たちは暗闇に隠れていた。北東部のクラチエ、コンポントム州境の森の司令部で、静かに指揮をとっていた。イエン・サリは、七一年八月に「政府国内特使」という慎ましい肩書きで北京を訪れたのが、対外的には初登場だった。特使の真の目的は、シアヌークのお目付け役である。サロト・サルの名は、七一年九月末に発表された「解放区の知識人の声明」の知識人九一人の中に、キュー・ポナリーやソン・センらとともに、初めて現れた。七二年三月、北京で民族解放軍最高軍事司令部の顔ぶれが発表された中に、副議長のサロト・サル軍作戦部長、ヌオン・チェア軍政治部長、ソン・セン総参謀長らの名がみえる。しかし、あまり注意を引かなかった。

実力者隠しは、七三年二月からのシアヌーク「解放区」初訪問の際もキッチリ行なわれた。彼の念願に、国内指導部がやっと青信号を出して実現した訪問だった。

七三年一月末のベトナム和平パリ協定の調印で、ベトナム共産勢力の大補給路「ホーチミン・ルート」への米軍爆撃は止んでいた。そこを通って、シアヌーク一行は三月いっぱいカンボジア北部各地を回った。クメール・ルージュ指導部は「三人の亡霊」を先頭に、そろってシアヌーク夫妻を迎えた。アンコール遺跡に近いプノムクレンで、ゲリラ兵士や民衆を集めた「一万人集会」を開催し、大歓待ぶりを示した。シアヌークは訪問後、ハノイや北京で興奮気味にこう報告した。「クメール・ルージュとは『理性による結婚』だったが、今回の解放区滞在で『愛による結婚』となった」「われわれは『ロイヤル・レッド・カンボジア』だ。共産主義者と王制と仏教の調和の上に成り立っている国だ」。

けれども、それはやはり『仮面の結婚』だった。後に出版された回想録[2]で、シアヌークは、「この時彼らは大事なものは見せなかった。私は自分の力の限界を知った」と述べている。実際、殿下はこの旅行でも「三人の亡霊」こそ最高指導部だと信じ込まされた。プノムクレン大集会の席順も、それを露骨に強調していた。三人だけがシアヌーク夫妻の脇の肘掛け椅子に座った。サロト・サルは、第二列の簡単な椅子に慎ましく控えていた。シアヌークはまさかこの線の細い人物が真の最高指導者だとは思わなかった。大集会には僧侶も何人か動員されていたから、殿下が共産主義と王制と仏教の調和を強調したくなったのも無理はない。結局、クメール・ルージュが上手《うわて》だった。

新しい出発

クメール・ルージュとベトナム共産側との対立が決定的になったのは、七二年一〇月以後のようである。投降者情報では、早くも七〇年後半から、強硬派のタ・モクやケ・ポクといった指導者の地元、南西部のタケオや北部のコンポントムで、両国「解放勢力」部隊間に武力衝突が発生していた。七一年からは同じ地域で住民の反ベトナム・デモが組織され、ベトナム追い出し政策が実行され始めた。南西部ではベトナム帰りの古参幹部の粛清も始まっていた。そんな中、七二年後半、パリで開かれていたベトナム和平会談の秘密交渉が大詰めを迎え、和平協定締結の展望が出てきた。ベトナム共産側は米側の求めに応じ、カンボジア「解放勢力」に圧力をかけ出した。「停戦をしてロン・ノル側と話し合え」というのである。一〇月、党南部担当政治局員のファム・フンが机をたたくようにしてカンボジア共産党に最後の説得を行った。カンボジア側はそれを蹴飛ばし、対米和平というベトナム側の裏切り行為に、強い恨みを抱いた。だが、そんなことは外部には伝わらない。

七三年はクメール・ルージュにとって新しい出発点となった。ベトナム和平協定の調印後、ベトナム共産軍はしだいに国境地帯へ引き揚げて、内戦はカンボジア化し、文字通りの内戦となった。ハノイ帰りの古い革命家たちは静かに粛清され、シアヌーク支持派も弾圧された。一方、少年を含む新しい兵士が多数集められた。「解放区」では一部住民の強制移住、共同体の導入、仏教弾圧などが行われ始めた。そして、首都への総攻撃も始まった。

爆撃が遺した問題

ロン・ノル側の最大の頼りは米軍の爆撃だった。米国防総省が七三年七月に公表したところでは、米軍は内戦開始前年の六九年三月から、カンボジア領内のベトナム共産軍の「聖域」に激しい秘密爆撃を行っていた。爆撃は、インドシナ軍事介入にうんざりした米議会がニクソン大統領の手を縛り、七三年八月一五日で停止されたが、四年五ヵ月の間にカンボジアに降り注いだ爆弾総量は、五四万トン。第二次大戦中に日本に投下された量の三倍である。うち約半分の二六万トンは、七三年二月からの最後の半年間に集中した。この半年間の爆撃はそれ以前と異なり、ロン・ノル政府軍支援のためだった。爆撃停止直前の八月上旬には、そのペースは最高潮に達し、首都周辺まで迫った「解放勢力」に対して、日によっては超大型戦略爆撃機B52が五〇回、小型の戦闘爆撃機が二二〇回もの爆撃を行った。それによる「解放軍」兵士の死者は一万人以上とも推計された。

おかげでプノンペンはまだ生き延びた。しかし、長期的にはいろいろ問題を生んだ。

1973年8月、プノンペン北東10キロの前線で、米軍の支援爆撃を身をかがめて見守る政府軍兵士

第一に、「解放勢力」軍の陣地や部隊をねらうはずが、村々への大量爆撃で民衆も多数殺傷した。ロン・ノル軍の地上からの情報に基づいて目標を選定しているのだが、その情報がいい加減だった。多くの農村青年が復讐を叫んで「解放」側の隊列に加わった。

より明白な誤爆も多かった。たとえば七月二九日~八月六日の九日間に四件の誤爆が起きた。中でも首都南東五〇キロの要衝ネアクルンにあるロン・ノル軍基地を誤爆した事件は、この戦争中最大の誤爆事件だった。爆弾が基地の弾薬庫に命中し、軍人、家族、一般市民八〇〇人以上が死傷する事態となった。

第二に、内戦期間を通じ戦火を逃れて農村から都市に流入した避難民は、全人口の約三分の一、二百数十万人にのぼったが、そのかなりの部分は〝無差別爆撃〟を逃れたものだった。大量の避難民を抱え、ロン・ノル行政は立ち往生した。首都のコメ不足は激化した。

第三に、激しい爆撃を耐えぬき、米国の直接軍事介入を終わらせたことは、カンボジア共産党指導者たちの誇大な自信と唯我独尊心理をひどく高めた。後に米人記者エリザベス・ベッカーは、イエン・チリト夫人の次の言葉を伝えている。「わが国は二〇〇日もの間、昼夜ぶっ通し爆撃された。ベトナムよりずっと苦しみ、破壊されたのよ」。彼らは「自分たちほど苦しんだ革命軍はどこにもない」と大威張りで宣言した。ベトナム労働党（共産党）のレ・ドク・ト政治局員などは、「とんでもない。北ベトナムとラオスの方がどれだけよけい爆弾を落とされたか」と厳しく反論したという[3]。

第四に、唯我独尊とも関連するが、爆撃の影響で「解放勢力」内、共産党内でも比較的穏健な幹部たちの立場が弱まり、タ・モクやケ・ポクといった強硬派の力が増した。一部地域での市や町の住民の強制移住、集団化、粛清などの急進的な革命政策も、爆撃への警戒心や怒りをテコにすれば、導入が容易になった。そこで、米軍爆撃がなかった方が国民のためにはよかった、との議論も出てくる。爆撃がなければ七三年のうちにプノンペンは陥落しただろう。だが、この時点では「解放勢力」内には、まだ多数の穏健派が頑張っていた。だから、「解放」側勝利後の政権は、それほどひどい過激政権にならなかったはずだ、という論法だ。すなわち、爆撃が共産党に過激化の時間を与え、後の暗黒政治の導入を側面援助する結果になったというのだが……。これもまた歴史の「イフ」だった。

2　一九七三年八月のクライマックス、そしてその後

「競合区」のノンビリ政府軍

私は「解放勢力」の地方司令官に生命を助けてもらった。

七三年八月、新聞社のサイゴン（現ホーチミン市）特派員だった私は、八月一五日の米軍爆撃停止を機にクライマックスを迎える（と思われた）カンボジア内戦の応援取材のためプノンペンに駆けつけた。そのときの話である。

「解放勢力」は、首都の南東から北西まで一八〇度にわたって攻囲し、一時は国道一号線で首都南東三キロ余りの地点にまで進攻してきた。流入する避難民に紛れて「解放勢力」の戦闘員、工作員が数千人、首都に潜入したとも噂されていた。ロン・ノル政権は七月に一八〜三五歳の男子の義務兵役制を実施し、街角や家庭から対象者を、有無を言わせず狩りたてていった。プノンペンは騒然たる雰囲気。米国防総省がまとめた報告書も、全土の七五パーセント、人口の四〇パーセントが「解放」側の手中にあると認めていた。

このぶんでは米軍の爆撃が終わったらすぐ首都決戦になるだろうと、市民は震えていた。結局そうはならなかった。米軍集中爆撃に加え、「解放勢力」自身の力不足、弾薬不足などがその理由だった。シアヌーク殿下が明らかにしたところでは、和平協定とともに北ベトナムからの武器弾薬の援助が止まり、中国からの補給も減少した。それが復旧するのはしばらく経ってから。シアヌークが外国のメ

無造作に置かれている「解放勢力」側の旗　すぐわきの小屋では政府軍兵士が休養中（筆者撮影）

ディアに随分と不満をもらしてからだった。

八月中旬～九月末、「解放」側は首都北西八〇キロの国道五号線上の州都コンポンチュナンに攻撃を集中し、一時は同市の四分の三まで占領したが、結局は防衛された。

この時の私の内戦取材で、第一に印象的だったのは、「解放勢力」に対するロン・ノル側の心理的な脇の甘さだった。役人にも兵士にも民衆にも、敵に対する厳しい警戒心が不足していた。日ごろベトナムで和平協定調印後も続いている南ベトナム政府軍と共産側の厳しい陣取り合戦をフォローしていた私の目には、驚くほどの甘さに見えた。実際、それがロン・ノル側と民衆の致命傷になった、とすら言えそうである。

八月下旬、首都南東一二キロのカンダル村を訪れた。この村も八月上旬には「解放勢力」側に完全に占拠されたが、その後政府軍側が懸命の反撃でなんとか追い返した。その戦闘と米軍の猛爆撃で、大半の住家と畑が破壊された。村民はプノンペンなどに避難したが、日中だけ戻ってくる。村民の話では、まだ南西一・五キロの森の中に「解放勢力」部隊約四〇〇人が頑張り、南東一キロには政府軍の前線基地があるという。昼間は政府軍兵士が村に来ているが、夜間は「解放」側の天下だ。言ってみれば「競合区」である。

村の中心の寺院前広場まで来て、目を見張った。広場の二ヵ所に、青、赤、青に大きく色分けられた旗が掲げられていた。このシアヌーク時代の国旗は今や王国民族連合政府、「解放勢力」の旗となっている。ロン・ノル政権はもちろん、敵の旗の掲揚を厳禁している。南ベトナムだったら、旗はたちまち引き裂かれるか没収されてしまうだろう。それが、うち一本などは政府軍兵士たちの休養小屋のすぐわきに大威張りで立っている。

だが、兵士たちはそ知らぬ顔だ。所在なげに広場に集まっている十数人の村民に尋ねてみた。「『解放』側の旗でしょ、これは」「そうだよ。もう何日も前から置かれたままだ」。

村民の一人が、先日「解放」側が置いていったという小さなビラを見せた。首都攻撃が近づいているとして、民衆の協力を呼びかける内容だった。こんな敵のビラを横にいる政府軍兵士が回収もせず、村民が堂々と読んで聞かせてくれるというのも信じ難いことだった。「これでは生活も困難だし、向こう側（「解放区」）へ行こうと考えている」と公言する村民が三人もいた。これまた政府軍兵士に聞かれようとまったく気にしない大声だった。

「解放区」に入る

その一週間後、私は一泊二日というごく短時間ながら、「解放」側支配地域を訪れることができた。先述のように、「解放区」に入るカンボジア農民、学生、インテリは多かったし、中には七二年に首都に近い「解放区」に入り、九ヵ月後に戻って本を書いた青年教員、イト・サリンのような例もあった[4]。彼の本は、「解放勢力」＝北ベトナム軍という時期は終わり、カンボジア共産党が力をつけ、恐るべき敵となりつつあること、サロト・サルが最高指導者であること、厳しく硬直しているが、民衆のために働いていることなどを、率直に証言していた。七二年にはフランス人社会学者、セルジュ・ティオンが「解放区」を訪れている。だが、ジャーナリストは、「解放」側に捕らえられた者以外入っていない。政府軍に投降した「解放軍」兵士が記者会見で、「新聞記者を捕まえたら殺せ」との命令が出ていたと語っていた。

なんとかして、カンボジア「解放区」入りという不可能に挑戦したいと、一ヵ月近く手がかりを探して、やっと見つけた。意外にもロン・ノル政権のイン・タム首相の官房付き青年中尉が手づるになってくれるという。首相府に行き、「解放区への紹介状」を頼んだ。人の出入りの激しい大部屋で、内戦の敵方への紹介を頼むのである。中尉には、周囲を気にする様子もなかった。親戚、知人、友人が敵味方に分かれ、入り交じっているのだな、有難いがロン・ノル政権はこんな大らかなことをやっていて大丈夫なのか、と思った。

翌々日、現地に出発した。紹介状の宛名はネト・サルーン。首都から南西に向かう国道四号線に沿ったコンポンスプー州の北部地域を本拠とする「解放軍」の地方司令官ということだった。四号線を車で一時間半も走った地点の集落から北に、目指す「解放区」のサムラオントン村へ向かう細道がのびている。その集落で「解放区」に行く住民がいないか捜していると、野次馬が約二〇人も集まった。中に軍服の政府軍下士官たちもいる。私は「解放区」行きを阻止されるかもしれないと心配になった。南ベトナムでは、政府軍に見つかると間違いなく逮捕されるのだ。だが、下士官らは私の目的を知っても、「危ないと思うがなあ」と、控えめにつぶやく程度だった。農民二人が案内を引き受けてくれ、自転車を借りて出発する段になると、下士官らを含む野次馬全員が盛大に見送ってくれた。政府軍が紹介してくれ、政府軍が見送ってくれる「解放区」行きとなった。

サルーン司令官

約一〇キロ先のサムラオントン村に着いて、集落長や村民に見物されながら眠れない一夜を過ごした翌朝、連絡を受けたサルーン司令官がやってきた。私が右手を差し出すとがっちり握り返し、性格俳優のような彫りの深い顔いっぱいで笑った。私はやっとホッとした。サルーン青年が少しながらフランス語を話すことも「助かった」と思わせた。それから半日間、集落長の家での朝食会もはさんで、サルーン司令官にたくさんの質問を浴びせた。

サルーンは、精一杯のフランス語で、しかし胸を張って質問に答えてくれた。彼は「解放軍」一個大隊三五〇人の大隊長。この村（人口五〇〇〇人）と隣の村が守備範囲だ。この辺りの四号線の延長約三〇キロの北側に六個大隊が頑張っているという。朝食会の間に、パトロールの「解放軍」兵士が一人、二人と立ち寄っていく。大隊長は自慢げに繰り返した。「ロン・ノル側はわれわれのことを北ベトナムとかベトコンと決め付けるけれど、よく見てくださいよ。全部カンボジア人でしょ」。

彼が「解放勢力」に加わったのは、七〇年の内戦勃発の後だった。したがって、筋金入りの共産主義者ではない。ちなみに、このころプノンペンのある分析報告は、「解放勢力」を次のように分類し、「解放軍」の総勢は三万～三万五〇〇〇人と見積もっていた。

① クメール・ルージュ＝一九六〇年代前半から地下ゲリラ活動を行ってきた共産主義者または進歩的愛国勢力。指導者の多くはプノンペン側指導者と親族、友人関係にある。だから双方の間にこの兄弟殺し戦争の終結のため、接触があっても不思議ではない。

② クメール・ベトミン＝一九五四年のインドシナ戦争終結に関するジュネーブ協定成立後に北

ベトナムに連行され、政治・軍事訓練を施されたカンボジア人幹部一五〇〇〜二〇〇〇人が指導する集団。北ベトナムに依存している。

③　クメール・ルムド（解放クメール）＝七〇年のクーデター以後に、現プノンペン政権に反対するためにできたグループ。政治的にはかなり様々な勢力の寄り合い所帯。

④　民族統一戦線グループ＝本来「解放勢力」全体をさすが、狭義には、シアヌーク支持派を特にこう呼ぶ。「解放勢力」の五パーセント程度で、最も弱小のグループ。

⑤　そのほかゲリラというより匪賊の一団に近いもの。

クメール・ルージュとロン・ノル側の指導者間の接触についての見方など、ここでも認識の甘さがうかがえる。また、たとえばサルーンがルージュとルムドのどちらの範疇に入るのか、この分類でもはっきりしない。

カンボジアはカンボジア

サルーンは「キュー・サムファン、フー・ニム、フー・ユオンが好きだ。尊敬している」と繰り返した。大隊長クラスにとっても、この三人が最高指導者だった。

シアヌーク殿下のことは、「北京にいる王さん……関係ないよね」とあっさりしたものだった。

「北ベトナム、南ベトナム民族解放戦線は好きかい？」

私は「好きだ」という答えが返って来ると予想しながら聞いた。ベトナムとの確執については、私たち外部の者はまだ噂で聞いている程度だったからだ。けれども、彼は意外にもはっきり「ノー」と答えた。

「なぜ？　君たちの友人でしょ？」

「そうだけれど、大事なのは独立。ベトナムはベトナム、カンボジアはカンボジアだ」。

傍らの兵士たちも、口々に「カンボジアはカンボジア」と繰り返した。私は南ベトナム民族解放戦線という正式名称で尋ねているのに、サルーンは軽く「ベトコン」と呼び捨てている。不仲の噂はどうも本当らしいぞ。私は首をかしげた。

カンボジアはカンボジア。修飾もない素朴な言葉だった。だが、独立のために悪戦苦闘の歴史を続けてきた弱小民族の、心の底からの叫びとして私の胸に響いた。彼は独身だったが、「戦争が終わり、国が独立するまでは結婚しない」とも言った。あくまでキーワードは独立。独立とはこの場合、外国から干渉されず、カンボジア国民が完全な主人公になった国といった意味なのだろう。

兵士たちが続々集落にやってくる。女性もいる。ソクさんという二八歳の女性兵士は、夫が二年前にロン・ノル側に投降してしまった。今その夫は政府首脳に情報要員として使われ、政府側地域に別の妻も持っている。だから、夫と妻は公私とも完全に敵味方になった。ところが、ソクさんは夫と別れず、時々政府側地域に出かけて会っているという。ここにも末端での政府軍と「解放軍」の相互乗り入れ交流があった。

「解放区」での記念撮影　右から２番目が筆者、そしてサルーン（左隣）

兵士の服装はかなりバラバラだった。黒のゲリラ服もいれば、政府軍から奪ったらしい緑の野戦服もいる。工員のような作業ズボンもいる。携帯兵器はみな米国製のカービン銃だった。「ロン・ノル軍のを分捕ったのさ」と言って、彼らは笑った。

集落には老若男女あらゆる年齢層がいた。「解放区」でも正常な農村生活、家族生活が続いているようだった。田植え期の水田では、やはり女性、子どもの方が目立っていたが、若い男も少なくなかった。「解放軍」による強制徴兵などはない、ということだった。

托鉢《たくはつ》に回る僧侶の一団とも出会った。一キロ先に仏教寺院があり、三九人もの僧がいるという。僧を迎えた家では、すぐ板の台の上にゴザを敷く。「お坊さんを大事にしているんだね」と感心すると、住民たちは「そうさ。われわれは皆仏教徒だ」と胸を張った。

後の情報では、「解放区」でも場所によって、この年五月から仏教弾圧や農業集団化、住民の強制移住など、後のポル・ポト政治の先駆けとなる強硬政策が導入され出していた。だが、まだあくまで一部だったようだ。実際、キュー・サムファン最高司令官が出すアピールも、呼びかける相手は、内戦終了直前まで「全国の僧侶と同胞」「僧侶、幹部、軍民」といった具合だった。僧侶を特別扱いし、いつも冒頭に置いていた。そんな呼びかけをした連中が後に最悪の仏教弾圧をするなど、予知できないのも無理はなかった。

農家は屋根の一番高い所でも二メートル程度。土の上に木の幹を立て、サトウヤシやビンロウジュの葉などで屋根を編んだだけの簡単な造りだった。ほとんどの家の中に防空壕が掘ってある。先日まで続いた米軍爆撃への対応策だが、あまりにも小さく浅い。巨大なB52の爆撃を受けると、十数キロ四方まで地震のようにゆれる。こんな防空壕ではひとたまりもなかっただろう。また牛を飼っている家が多かった。最大の交通手段である自転車も、かなりの家が持っていた。コメ、肉、果物から果実酒まで一通りそろっていた。私有財産がちゃんと認められていた。そして、シアヌーク殿下の写真はどこにもなかった。

住民たちは、米軍の猛爆撃に耐えぬいた後で自信と落ち着きを取り戻しているように見えたが、爆撃の傷が大きいこともよく分かった。二キロほど離れた場所に、爆撃でめちゃくちゃに破壊された集落の跡があった。そこで、一面の焼け跡の真ん中をふらふら歩き回りながら、甲高い声で泣き続けている若い女性がいた。同行の兵士がゼスチャーで、爆撃で家を焼かれたショックで気がふれたのだと説明した。泣き声は、立ち去る私の背をいつまでも追いかけてきた。

生命を助けられた

ここで私の命拾いの話をしなければならない。生命の重大な危機。それはテープレコーダーが原因だった。私はカンボジア語がよく分からないのに、通訳を伴っていなかった。カンボジア人を危険に付き合わせたくなかったからだ。だから、住民たちが何を話しているか、なかなか理解できない。そこで持参したテープレコーダーをできるだけ回し通しにし、録音テープをプノンペンに持ち返り、翻訳してもらって補おうとした。

兵士や住民が雑談をしている横のかごの中に黙ってテープレコーダーを入れ、スイッチをオンにしたまま少しの間その場を離れた。その間にテープレコーダーが動いているのが見つかってしまった。たちまちのうちにムードが悪化した。皆が口々に何か言っている。スパイじゃないかと疑っているようだ。サルーン大隊長が呼ばれる。さすがに彼の表情も厳しくなった。私は冷や汗をかきながら懸命に説明した。大変なことになりそうだった。だいたい、新聞記者というだけで殺そうという勢力なのだ。だが、サルーンは何とか私の説明を了解してくれた。大隊長がコチコチの筋金入りでなくて、本当に助かった。

うっかりしたら、いや多くの場合は、この日「スパイ一名あっさり処刑」ということになっただろう。現にこの直後、七三年一〇月には「解放区」取材を企てた日本人記者一人、カメラマン一人が行方不明となり、その後死亡が確認されたのだ。

八一年、ポル・ポト政権崩壊後にプノンペンを再訪した時、サルーンの噂を耳にした。粛清されたということだった。私を処刑しなかったほど優しく話が分かる人間だったから、いずれ虐殺と粛清のポル・ポト革命からははじき出される運命だったに違いない。たった一日のつき合いだったが、少なくともこの青年司令官は、住民と信頼の絆で結ばれていると思った。この内戦期の「解放勢力」には、おそらく彼がそうだったように、真の独立と民衆の幸福の両方を純粋に希求していた地方幹部も少なくなかったのだろう。私にとってこの「解放区」行きは、政府側と「解放勢力」側の間の奇妙な相互交流、「解放」側の自信、強い民族独立心、ベトナム共産勢力とのずれ、地方司令官の人間味、シアヌーク地盤完全沈下、米軍爆撃の傷などいろいろなことを駆け足で知る旅となった。

最終攻撃へ

シアヌーク殿下の地盤沈下に関しては、こんなこともあった。ニクソン米政権は、爆撃停止前の七月にカンボジア和平を目指す動きを示した。シアヌーク側はそれまで米国との直接交渉だけを主張していた。米国はそれに取り合わないでいたが、方針を変更した。切り札のキッシンジャー大統領補佐官が八月上旬に訪中し、殿下と会談してその政権復帰を認める方向で話を進めようとした。ところが、今度はシアヌークの方が背を向けてしまった。シアヌークは外国通信社にこう強調した。

「もう遅いのだ」「ニクソン大統領がカンボジアの泥沼から抜け出そうと望むなら、『小さなドア』が一つあるだけだ。それは、直接クメール・ルージュと交渉することである」。

この発言を注意深く聞けば、行間にシアヌークの無念な思いがあると気づいただろう。「もう遅い」には二つの意味があった。「戦場の力関係が『解放』側に圧倒的に有利になったから、今更交渉解決などと言っても遅すぎる」という意味と、「そうした情勢だから、主役は完全にクメール・ルージュになってしまった。自分の出る幕はもうない」という嘆きである。地盤沈下を本人が認めている。だが、米国もロン・ノル政権もそれはある程度分かっていても、最後までシアヌーク札を切り捨てられなかった。殿下と交渉すればなんとかなるかもしれない――そんな淡い希望を持ち続けたのだった。

その後七三年一一月に、王国民族連合政府は全面的に国内に移された。「解放勢力」はいよいよクメール・ルージュの天下となった。ロン・ノル政権側は、「解放」側内部の力関係は理解したものの、ベトナム共産勢力との不仲は、よく分かっていなかった。政治宣伝のためもあるが、「和平のカギは北ベトナムが握っている」(七四年四月、ロン・ボレト首相)などと言い続けた。ベトナムに目を向け過ぎていた。甘いといえば、七四年八月にコンポンチャム中学校卒業生の政府高官九人が発表した公開書簡も甘かった。「解放」側にいる元同級生、キュー・サムファン、サロト・サル、フー・ニムらの昔の友情に訴え、交渉を呼びかけたものだったが、もちろん無視された。同校でサルと親しかったロン・ノンは、後に首都が陥落した時にも友情に期待して留まり、あっという間に処刑された。

七四年三月にロン・ノル側に投降した、クメール・ベトミン幹部二人が記者会見して「ハノイ・クメールの仲間たちが粛清されている」ことを明らかにした。だが、後に明らかになったところでは、七四〜七五年初め、サロト・サルはベトナム労働党や政治局員のレ・ドク・トに繰り返し手紙を送り、ベトナムの支援に感謝したり、連帯維持方針を強調したりしていた。プノンペン総攻撃のためにベトナム側の支援を確保しておくねらいからだろう。あくまでドライで戦術的だった。

ロン・ノル側は七三〜七四年に二回和平提案を出したが、「解放」側はもちろん拒否した。ロン・ノル側支配地域の七四年のインフレは三〇〇パーセントにものぼったから、プノンペンはじめ各地で暴動や華商襲撃が起きた。徴兵強化反対もあって、暴動の主役は学生たちだった。内戦の敵軍が迫っているというのに、学生イコールほとんど暴徒だった。

こうした中で共産党中央委員会は七四年六月、密かにプノンペンへの最終攻撃を敢行することを決めた。そして七五年一月から一〇〇個大隊三万五〇〇〇人を動員、究極の攻撃に入った[5]。二月末からはメコン河は完全にブロックされ、輸送船の墓場となった。三月末にはポチェントン空港への猛砲撃で、空輸もできなくなった。米議会はもうロン・ノル政権援助を認めない。四月初め、ロン・ノル大統領は涙を流しながら、一〇〇万ドルの〝手切れ金〟とともにハワイに亡命して行った。いよいよ最期だった。

内戦終了直前まで、民族連合政府は「ロン・ノル、シリク・マタク、ロン・ボレトら七人の売国奴は死刑。それ以外の役人や軍人は、彼らと決別したら歓迎する」と繰り返していた6。信じた者は多かった。「どんな政体になっても、自分の知識や技術が国の再建に役立つはず」と考えて留まった人たちもいた。だが、彼らにはとんでもない運命が待ち受けていた。

内戦の勝因・敗因として、次の四点を挙げたい。

① クメール・ルージュの秘密と虚偽の戦略・戦術が成功し、民衆や敵側の目をくらまし、脇を甘くもさせたこと。
② ロン・ノル政権側が非常な弱体・欠陥政権だったこと。
③ ベトナム共産勢力が勝利のインフラを作ったこと。
④ 米国がマイナス効果も大きかった爆撃以外、もう支援や関与に消極的だったこと。

後にポル・ポトらが誇ったような「集団化など共産党の基本路線の勝利」ではなかった。

第三章 ポル・ポト政権

プノンペン、1975年４月17日　カメラの前でポーズをとるクメール・ルージュの少年兵たち（AP/WWP）

1 強制民族大移動

プノンペンの一番長い日

一九七五年四月一七日、ロン・ノル政府軍はついに完全降伏し内戦は終わった。大混乱だった。朝一番に入城してきたのは、栄養十分そうな変なクメール・ルージュだった。その兵士たちの写真は世界中の新聞紙面を飾ったが、これはすぐに偽と分かる。ロン・ノン将軍と関係のあったグループで、本物がやってくる前にチャッカリ勝利の分け前にあずかり、あわよくば自分たちを含む「連立政権」を立ち上げようとしたものだった。

やがて本物の集団が続々町にやってくると、彼らもたちまち武装解除される。迎える市民、いわば敗者側の民衆が戦争終了だと歓声をあげて喜んでいるのに、勝者の兵士たちは、概して押し黙り、不機嫌そうに入城した。二週間後の南ベトナム・サイゴン陥落では、市民と入城する兵士との交歓風景もある程度見られたが、そんなムードではなかった。まもなく市民も歓声どころではなくなった。全市民の即時強制退去が始まったのだ。都市住民をすべて退去させて都市をからっぽにし、農村に移住させる。この大方針がいつ決定されたのか。ポル・ポト自身は、七七年になって、「それは七五年二月だった」と述べている。二月下旬に開かれた党中央の会議で決まった、というのである[1]。

最終的にはそうでも、実際にはずっと以前から計画されていたとみられる。七四年半ばにこの計画は上級幹部たちには明らかにされ、次項で述べるようにフー・ユオン、チュー・チェト（党西部地域書記）らが異を唱えていたが、もちろん取上げられなかった。イエン・サリは、七五年九月に公表された外国人記者とのインタビューで、

「首都に入ってみると首都の人口が予想以上に多く、ほぼ三〇〇万人にも増大していたから、飢《き》饉《きん》を防ぐため人々を食料のある場所に行かせる必要があった」

1975年４月19日、クメール・ルージュ部隊を歓迎する人々　タイとの国境に近いポイペトの町で

と説明している。だが、そんな短時間に、大雑把にせよ人口調査などやっているはずもない。内戦中の七三、七四年ごろから、彼らは都市や町を攻略すると、住民を退去させ、住家を焼き払うことを繰り返していた。強制退去は、革命の敵が集結した〝悪と腐敗〟の巣窟《そうくつ》の都市を壊滅させるためだった。全国民を農民、労働者にし、生産に邁進《まいしん》させる。敵をバラバラにし、選別を容易にする。それが都市への憎悪と警戒心に基づいた彼らの基本戦略だった[2]。

ただし、七七年四月に逮捕され、粛清地獄のツールスレン監獄（S21）に放り込まれて処刑されたフー・ニムは、殺される直前に書かされた供述書の中で、

「四月一九日に、兄第一号（ポル・ポト）と兄第二号（ヌ

オン・チェア）から、状況と住民退去計画について説明を受けた」と記している。情報相だったフー・ニムですら、強制退去開始後二日たってやっと実際の退去計画について話を聞いたわけだ[3]。

それほど計画は狭い範囲だけの秘密とされていた。それだけに四月一七日、各方面からプノンペンに殺到した「解放勢力」軍兵士が、数日前に上から伝えられた命令を様々に解釈していたのも、無理はなかった。退去は一時的で数日後には戻って来られると市民に言えと命令され、みずからそう信じている兵士もいたが、とにかく出て行けと取り付く島のない兵士が多かった。「B52の爆撃があるからすぐ逃げろ（これも嘘だった）」などと、脅し文句や理由説明もバラバラだった。

絶望的な光景

外見も一様ではなかった。東部地域（スバイリエン、プレイベン州とコンポンチャム州の東半分）からきた部隊は、カーキ色か緑色の野戦服だったが、ほかの地域の部隊はみな黒の農民服姿だった。目撃者の証言では、野戦服の兵士たちは比較的ソフトな振る舞いだったという。十代半ばと見える兵士たちが旧ロン・ノル軍のトラックを停め、運転手が逃げ出しても撃ち殺しはせず、追いかけて行って、「軍服を脱いで家に帰るように」と静かに命じただけだった。強制退去に反対だと言う兵士もいた。

東部からの部隊に家に戻ってよいと言われ、戻ったところほかの地域からの部隊が来て、家から乱暴にたたき出された市民もいた。東部からの部隊→南西部（カンポット、タケオ州とコンポンスプー州の南部）からの部隊→北部（シエムリアプ、プレアビヒア、ウッダーミアンチェイ州とストントレン州の西半分）からの部隊と、後になるほど、強制退去の実行の仕方が冷酷になった[4]。

こうして市民はみな、市外へ、それから地方へと追い立てられた。病院の入院患者もすべて出て行くよう命令された。プノンペンに留まっていたフランス人宣教師のフランソワ・ポンショー神父は、みずから目撃した光景をこう記している。

「何千という病人、負傷者が町から出ていく。……中にはベッドの上で、輸血や点滴を受けながら家族に運ばれていく病人もいた。輸血用の血液や点滴液が大揺れに揺れていた。ちょん切られた虫のようにもがきながら進んでいく両手両足のない人、一〇歳の娘をシーツにくるみ、吊り包帯のように首から吊るして泣きながら歩いていく父親、足にやっと皮一枚でつながっている足首がぶらぶらしたまま連れていかれる男。私はこうした人たちを忘れることはあるまい」[5]。

確かに、この強制退去・移住は、ポル・ポト革命の重大な第一幕だった。この病人たちの絶望的な光景こそ、〝ザ・ポル・ポト革命〟。この革命全体を代表する情景だった。

最初の犠牲者たち

首都から四方へ、わずかな身の回り品とわずかな食料を持って、のろのろと絶望的な行進が続いた。はっきり行き先が決められていたわけではない。監視のクメール・ルージュ兵士の命令も、一定しない。いったん西へ向かったのに、命令が変わって首都に逆戻りさせられ、今度は北に向かわされる、そんな集団もあった。乾季の四月、熱帯カンボジアでも一年で一番暑い季節である。路上の気温はゆうに摂氏四〇度を超える。だから、病人や老人、妊産婦、子どもなどから死者が出る。

学者のベン・キアナンは、後にこの首都強制退去の詳細について、三六グループの三六人にインタビューしている。三六グループは総勢三七六人で首都から歩いた。一週間以内に移住先に到着したのはたった七グループ。一ヵ月以上歩いたのが一二グループもあった。その行進の間に死んだのは二人。生後一ヵ月の赤ちゃんと老婦人とで、残り三七四人は移住先になんとか無事に到着した。行進中の死亡率を出すと約〇・五三パーセント。プノンペンの人口が二〇〇万人だったとして計算すると、一万六〇〇人が死んだということになる[6]。

国全体で、このとき強制移住させられた人口が四〇〇万人と推計されている。すると、計算上では、全体で死者の数は二万一二〇〇人となる。

旧軍人は名乗りでよ

ただし、この数にはこの間に殺戮の対象になった人たちは含まれない。この三六グループには、旧ロン・ノル政権の軍人・役人で、名乗りでるよう命じられ、そのあげく連れ去られて殺された人たちはなかったというわけだ。名乗りでなければならない範囲は、これも所と場合によって多少異なる。旧軍人でも将校だけに限定したり、技術者や学校教師、学生まで含まれたりした。

クメール・ルージュ兵士に不満をぶつけたり、兵士と口論して、連れ去られたりその場で射殺された者も多い。長髪というだけで全員射殺された青年グループもあった。国道上に関所があり、軍人と分かった者は連行され、その直後銃声が近くから聞こえることが少なくなかった。地域によっては、旧将校を「プノンペンに帰って、国家建設のためにともに働いてもらうことにした」とアナウンスしてかき集め、トラックで首都に戻してから大量虐殺——といったことも行われた。

四月二三日のバッタンバン市の将校や下士官の大量虐殺については、早くから国外にも情報が伝わった。「首都に行き、帰国するシアヌーク殿下を出迎える」「再訓練を施すから」と安心させてトラックに乗せ、道路上で一斉に銃弾を浴びせ将校も下士官も何百人という数を虐殺したという。正装してシアヌークを迎えに行くという、狡知《こうち》にたけた嘘。その情報は、国際社会に新革命政権の情け容赦のなさを、さらに暗く印象づけることになった。

五月一五日、民族連合政府のパリ代表部は、「ロン・ノル政権の売国奴七人を除き、全国民の大同団結という方針が順守されている」という声明を発表した。嘘だった。

ちなみに、プノンペン陥落とともに多数の在留外国人と一部のカンボジア人は、フランス大使館に避難した。シリク・マタク殿下はその中にいた。二日後、クメール・ルージュの代表が大使館に来て、「まず裏切り者を外に出すこと。そうすれば外国人の取り扱いを話し合える」との通告を、残っていたフランス副領事につきつける。シリク・マタクはすでにそうなることを予期し、覚悟を決めていた。彼は野心家でロン・ノル政権時代評判は最悪だった。だが、この最後の時を迎えると、威厳ある堂々とした態度で大使館の門を出て投降し、居合わせたポンショー神父に感銘を与えた[7]。

死刑を完全約束されていたロン・ボレト首相もまた、プノンペン陥落五日前に脱出したディーン米大使に同行を勧められたのにもかかわらず、最後まで留まった。結局「七人の売国奴」の中では、この二人だけが運命を甘受し、結果的に死を選んだ。

基幹人民と新人民

都市から強制退去させられた人々が歩きに歩いて移住地に到着した後の境遇も、かなり地域差、個人差があった。だが、都市や最後までロン・ノル支配下にあった地域から移住させられてきた民衆は、どこでも「新人民」と呼ばれた。四月一七日以前は「敵」だったのが新たに人民になった、というわけだ。

以前から「解放勢力」地域にいた農民は「基幹人民」である。基幹人民のうち、身内に新人民や処刑された者がおらず、普通に働いている者は『完全な人民』とも呼ばれ、ポル・ポト革命の階級制度の最上層に置かれた。新人民とそれに加えて基幹人民のうちでも経歴のよくない者は『預けられた人民』と呼ばれ、最下層である。だが、その中間に『準完全人民（あるいは完全人民候補）』もいた。これは、働き具合を末端の地方幹部に評価されて『完全』から降格されたり、『預けられた』から昇格した人々だ。この三階層制度も地域によってあったりなかったりだが、その背後にある考え方は、北朝鮮に存在するという三階層制度と共通しているようだ。北朝鮮の場合、「出身成分」による差別体制作りが一九五〇年代末から進められ、政権に近く信頼できる方から「核心階層」「動揺階層」「敵対階層」に分類されたという。政権が公然と敵とみなす層があり、それを最下層にしている点で、両者は共通している。統一戦線と北朝鮮の間には太いパイプがあったから、ポル・ポトたちが北朝鮮の例をなんらかの形でヒントにした可能性がある。

基幹人民の新人民に対する態度も千差万別だが、多くの場合、新人民は基幹人民に冷たくされた。村でも未開拓の森に近い、マラリアがいっぱいの地区に住み、酷使された。田やダムや水路づくりなど、土を相手に慣れない重労働に明け暮れた。基幹人民より労働は重く、食料割り当ては少なかった。死者がどんどん出て当然だった。

北朝鮮でも、反体制の罪人は、地方の炭鉱に送られ石炭掘りに従事させられるという。カンボジアでも新人民に、より悪い環境でより重労働をさせたのは、「自分たちが苦しんでいた間に、こいつらは楽をしていた」ことへの報復でもあろう。だが、さらに根本的には、多くの地域で地方幹部が口にした「お前たちを生かしておいても何の得にもならない。お前たちが死んでも何の損失にもならない」という気持ちがある。敵たちは要らない。それが、ポル・ポト革命を通じて直接、間接の大量虐殺が生じる原因となった。しかし、大事な生産を処罰や報復の手段にして、生産が上がるわけがなかった。

強制移住は、だが多くの国民にとって、一回では終わらなかった。七五年九〜一一月をピークに第二回目の強制移住が実施された。主にタケオやカンポットなど南西部全域からバッタンバンなど北西部、北部に数十万の新人民が送り込まれた。主な目的は、穀倉バッタンバンの生産強化だったとみられる。この第二回目の移住は、すでに過労と栄養不良で身体が弱っていた新人民にとって、一層過酷なものだった。第一回以上の割合で死者が出たという。さらに第三回、第四回と移住させられた人々もいる。まさに将棋の駒だった。いや、将棋の場合は飛車も金将も歩兵も、一枚ずつ異なった役割を認識され、いわば一枚ずつ〝顔〟が見えている。彼らはあくまで顔のない大量消費財の駒だった。

2　邪魔者フー・ユオンの殺害

異を唱え続けた男

ポル・ポト政権の粛清は、フー・ユオンの暗殺から始まった。

一般民衆の大量虐殺とは別に、政権内粛清マシーンが〝軌道〟に乗ったのは七六年。その後七七、七八年と年を追ってフル回転するようになった。フー・ユオンは大物粛清の手始めだった。ポル・ポト時代の粛清犠牲者は多いが、彼ほどはっきりポル・ポト革命に異を唱えた人物はいなかった。シアヌーク回想録は、フー・ユオンと後にやはり粛清されたフー・ニムについて、二人とも独立心が非常に強く、自分がポル・ポトたちよりも知的、政治的に優り、民衆に人気があるとの自信をもっていたから、ポル・ポト、イエン・サリの独裁を我慢しつづけることができなかったのだろうと分析している[8]。

実際、フー・ユオンは独立独歩で、自分の思うまま振る舞い、いつもテンションが高いタイプだった。フー・ニムは、殺される直前の供述書の中で、フー・ユオンの問題について記している。七六年末にある地方幹部から次のように尋ねられた時のことだ。

「フー・ユオンはどこへ行ったのですか。彼の名前をとんと聞かないが……」「フー・ユオンの問題は、道徳上か、政治的なものか、どちらなのですか」。

フー・ニムはこう答えた。

「政治的な問題だった。解放の前にも後にも、フー・ユオンは正面きって党と党の路線に反対した。とても個人主義的な人間だった。七〇年の（ロン・ノル）クーデターの後、彼はメコン河東岸解放の攻撃作戦のためには、ベトナムの助けを借りるべきだと考えていた。七〇年に開かれた研究会合で、彼は大胆にも『組織』（党）の兄たちにこう噛み付いた。『党は私を操り人形のような政府閣僚にし、私の名前を目隠しに利用している』。内戦の間、フー・ユオンは党がソ連と接触することを望んでいた。いつも怒ってばかりいた。どんな問題でも党と意見が合わなかった。解放後、党が通貨や賃金を廃止し、人々を都市から移動させたときも、はっきり党路線に反対の立場をとった」9。

フー・ユオン（1973年５月撮影）

このフー・ニムの供述書は激しい拷問を受けた後で書かれ、ポル・ポトらになんとか許してもらいたいとの思いがあふれている。だから、粛清された仲間については、当然ながら冷淡で批判的なコメントとなっている。しかし、その点を割り引いても、自信家でカドがいっぱいあってゴツゴツしているが、骨のあるフー・ユオンの人間像が伝わってくる。

もともとパリ留学時代から、サロト・サルとフー・ユオンはそりが合わなかったという。ベン・キアナンは、フー・ユオンの造反ぶりについても、一九八〇年代にヘン・サムリン（元師団長で、ベトナムにかつがれてポル・ポト政権崩壊後の新政権のトップになった）をはじめ何人かの元クメール・ルージュ地方幹部の証言を集めている。それによると、フー・ユオンは七三年に北西部地域を訪れた際、「町や村を攻略した際に民家を焼き打ちすることには反対だ」と明言した。党中央が立てていた「内戦勝利後の都市住民強制移住計画」には七四年から異を唱え、七五年二月に開かれた党中央の会議でポル・ポトと渡り合った。さらに内戦勝利一ヵ月後の五月二〇日、軍民の全幹部数千人を招集した大集会がプノンペンで開かれ、ポル・ポトとヌオン・チェアが、住民退去、通貨廃止、仏教僧侶の強制還俗その他、新革命政権の基本方針を発表したときも、公然と噛み付いた。「そんな計画は不可能だ」。彼はパリ留学時代から、カンボジアの農業や農民、農業協同体問題に取り組んできた。解放後の農業政策も練っていた。そんな専門家からみれば、都市住民を皆「にわか農民」にするなど、狂気の沙汰《さた》と思えたのだろう。

暗殺

すでに計画が実施され、激しく動き出している段階で、満座の中での挑戦。ポル・ポトはもう容赦できなかったに違いない。その後まもなくフー・ユオンは内相をクビになり、七五年中に殺された。それは八月のことと伝えられるが、はっきりいつかは分からない。地方の集会でさらに中央の計画を批判し、聴衆から盛んな拍手を浴びた後に、党の暗殺隊の手で射殺されたらしい。遺体はメコン河に投げ込まれたとも言われる[10]。

プノンペン「解放」とともに、党の公安機関サンテバルはＳ２１という名称になり、尋問係や看守などの要員も増強されつつあった。しかし、フー・ユオンが殺害されたとみられる時期にはまだ粛清のための大監獄、ツールスレンもスタートしていなかった。そこで、フー・ユオンの場合は暗殺隊による射殺という即決方法がとられたのだろう。

フー・ユオンはシアヌーク時代から内戦時代まで、この国の左翼知識人層や学生などから、ほとんど伝説的と言えるような人気を集めてきた。それだけに、ポル・ポトらも内外に引き起こす波紋を考え、「裏切り者フー・ユオンを粛清した」とは言えなかった。七七年末以後、ポル・ポト政権指導者たちが少しずつ外国へ出かけ、あるいは外国代表団を国内に迎えるようになり、外国の政府関係者や記者などから「ずいぶん前からフー・ユオンの名を聞かない。彼に何かあったのか」などと尋ねられることとなった。そのたびに指導者たちは「彼は生きていて、『組織』のため一生懸命働いている」などと言ってごまかした。ポル・ポト政権崩壊直前の七八年一二月の段階でも、外務省高官は「彼は元気だ」などと平然とウソをついていた。その少し前、一〇月にフィリピン訪問中の記者会見で質問されたイエン・サリは「フー・ユオンは解放直前に戦死した。フー・ニムは元気でプノンペンにいる」と別のウソを言っていたから、ウソ同士も矛盾する混乱状態だった。

しかし、フー・ニムに質問した地方幹部の話でも明らかなように、フー・ユオンに異変が起きたことは、国内でもかなり大勢が気づいていた。幽閉中のシアヌーク夫妻が七七年にフー・ユオン、フー・ニム粛清の事実を知ったのは、監視・警備役の若い兵士がその情報をもらしたからだった。つまり、政権や党、軍の幹部だけでなく、そんな若い兵士までが、どれほど正確にかはともかく、知っていた、あるいは感じ取っていたのである。

よく知られた指導者がまったく姿を消してしまい、「組織」は何も説明しない。そして、

「『組織』はすべてお見通しのパイナップルの目を持っている（パイナップルの表皮の模様のように三六〇度ぐるりとたくさんの目を光らせている）」

といった自画自賛の〝脅し〟文句のスローガンばかり繰り返される[11]。ポル・ポト政治研究者のアンソニー・バーネットが言うように、人をそんな状況におくことは、まさに「恐怖行為」なのだ。

「フー・ユオンはまるでハエのように、何の言葉もなくたたき消された。彼がそうなら、自分もそうなるかもしれない」。

そんな思いが幹部たちの心に重くのしかかったに違いない[12]。

フー・ユオンは柔軟な社会改革路線を指向し、みずからの農村戦略にかける情熱、農民への思いやりなどもあった。クメール・ルージュ内の粛清は、すでに内戦中から始まっていた。粛清される危険を知りながら、それでも言わずにはいられなかったのだろう。フー・ユオンには人間的欠点もあったかもしれない。けれども、ポル・ポトらの暗黒路線の導入に誰よりもはっきり反対した彼の信念と勇気に対して、素直に敬意を表したくなる。

もちろん彼の声高な反対ぐらいで、もうポル・ポトは抑制できなかった。目障りな邪魔者は消された。激流にさす一本の棹《さお》はへし折られた。

3　囚われのシアヌーク

やっと帰国できた

一九七五年一二月三一日、北京からプノンペンに向かう中国航空機の中で、シアヌーク殿下の胸中は、狼の群れの中に飛び込む羊に近い悲愴なものだったろう。だが、羊はあくまでみずから希望して、クメール・ルージュという狼の牙の下の新生活を開始するため、帰国したのだった。

その三ヵ月前の九月に、シアヌークは内戦勝利後初めて帰国を認められ、プノンペンに滞在した。しかし、三週間いただけで、国連総会での演説と友好諸国歴訪を行うため国外に引き返した。それは「一時滞在」でしかなかった。「全土解放」の目的を達し、過激革命の道を突進し始めたクメール・ルージュは、シアヌークに非情な態度を露《あらわ》にしていた。

その間の事情を、シアヌークは回想録で詳しく述べている[13]。以下、その回想録その他によって、ポル・ポト政権時代のシアヌークをみていくことにしたい。

シアヌークは中国の周恩来首相に対し、かなり前から、内戦勝利後はクメール・ルージュとは協力できないという率直な気持ちを繰り返し打ち明けていた。周恩来は、それに理解を示したが、今それを公表したら「殿下の大義のために戦っている人民がたちまち戦意を失い、ロン・ノルとアメリカに負けてしまう」と釘をさした。

「偉大な友人」、周恩来に口説かれたら、従わざるを得ない。シアヌークが黙り続けていると、九月には毛沢東《もうたくとう》主席みずから介入し、北京に来ていたキュー・サムファンらの面前で、「殿下とクメール・ルージュとの間に誤解があるにせよ、一致点の方が不一致点よりずっと多いことを忘れないように」とくぎを刺した。ひどく衰弱した毛沢東、末期がんで死期が近づいていた周恩来両首脳の〝友情ある説得〟にシアヌークはがんじがらめになった。

だが一方で、まだ「一市民になって、祖国で暮らせる」とも信じていたから、とにかく帰国させてほしいとクメール・ルージュに頼み続けた。そこで仲介の労をとったのが、北朝鮮の金日成《キムイルソン》主席である。その後シアヌークは、金日成主席を「世界一の親友」と呼び続けた。その親友は、「全土解放」にもかかわらず、国家元首が帰国できないでいるのは、世界に対しシアヌークを辱めるものだとして、クメール・ルージュと交渉した。クメール・ルージュは、いろいろハードルを設けたが、秋の国連総会で演説し、また友好諸国を歴訪することを条件に、しぶしぶシアヌーク帰国に青信号を出した。すでに国際社会に広まりつつあった暗黒政権の風評をシアヌークに払拭《ふっしょく》させる必要があったからだ。ポル・ポトらにすれば、シアヌーク国家元首という古看板は早くはずしたいが、まだ利用価値は残っていた。だが、国民を革命に邁進させようとしているところへ夾雑物《きょうざつぶつ》が帰国して不協和音を発生させるのは、爆弾を背負い込むようなものだった。

九月の一時滞在後も、同行したシアヌーク側近たちの話が、香港やフランスの新聞雑誌に伝えられ、クメール・ルージュを激怒させる。シアヌーク殿下が帰国したら生命の危険さえあると予想し、殿下が一時滞在中、宮殿の部屋で、変わり果て荒廃した国内の状況に涙を流したことなどを打ち明ける内容だった。ただ本人の回想では、後には泣いたが、一時滞在中は泣かなかったという。いずれにせよ、一二月の帰国直前サムファンから、猛烈な脅しの抗議文が届いた。

「わが党と政府は、カンボジア解放のためあれほど犠牲を払った英雄たちの名誉が、あなたの側近によって傷つけられるのをこれ以上許すわけにはいかない。あなたが誤った行動をとれば、すべてを失うでしょう」。

そんなやりとりの後で、シアヌークは帰国したのだった。

国家元首辞任

その帰国後一週間も経たないうちに、「民主カンボジア」となり、新しい革命憲法が公布される。そして、その後まもなく、シアヌークにとって、対クメール・ルージュ安全弁ともなっていた周恩来首相が亡くなる。名ばかりの国家元首はそのままだが、その座はいよいよ針のむしろとなった。そして「解放一周年」が近づいた七六年三月上旬、シアヌークはとうとう国家元首辞任に向けての行動に出た。クメール・ルージュを怒らせることを心配して自重を求めるモニク妃の訴えにも耳を貸さず、「組織」宛てに辞任の手紙を送った。案の定、その手紙はポル・ポトを怒らせた。党の常任委員会で、ポル・ポトは、「シアヌークには勝手に辞任する権利などない、決めるのはわれわれだ」とはき捨てた。対外的にはまだやめさせない方がよいし、シアヌークをプノンペンに囲い込んでよけいなことを言わせないのが一番だった[14]。

ポル・ポトはサムファンとソン・センにシアヌークを説得しに行かせた。サムファンらは甘い言葉で殿下を翻意させようとした。

「ずっと国家元首を務めていただくとお約束したはずです」「殺される心配をしておられるなら、心配ご無用。あなたの生命を守ると、ここではっきり保証しますよ」。

だが、シアヌークは、あくまで健康上の理由をあげて粘った。サムファンらは、帰ってきてこう報告した。「シアヌークは這いつくばり、ペコペコ頭を下げて辞任を認めてほしいと嘆願した」。ポル・ポトも、シアヌークが愛国者であることは認め、殺さない方針を確認した。

八〇〇〇ドルの空手形

こうして七六年四月上旬、シアヌーク声明と政府声明で、国家元首辞任が発表された。政府声明は殿下の功績を認め、「偉大な愛国者」の称号を贈るとしたほかに、シアヌーク記念碑を建立すること、殿下と家族の一生の経費を政府が負担し、年八〇〇〇ドルの年金を支払うことを明らかにした。年金は三ヵ月に一回、二〇〇〇ドルずつ支払うということだった。しかし、殿下によれば八〇〇〇ドルも記念碑もまったくの空手形で、実行されなかった。国家幹部会議長（国家元首）に就任して、「解放」一周年記念日の前日に上機嫌で会いに来たサムファンに、「『愛国者』と呼んでもらうだけで十分で、お金も記念碑も要らない」とシアヌーク側が言ったのは事実だが、それでポル・ポト政権が実行しなかったわけではなく、最初からその気はなかったのだろう。

ところが、七八年三月にカンボジアを訪れたユーゴの記者代表団にも、政権側は八〇〇〇ドルをたしかに支払っていると強調している。ポル・ポト政権は国際社会の懸念を払うためうそを繰り返さなければならなかった。

「八〇〇〇ドル」は世界中の主要メディアで報道され、「シアヌーク殿下もそれほどひどい扱いは受けていないようだ」という、多少の安堵感を国際社会に与えた。革命遂行のため、虚偽と秘密こそきわめて重要で当然の手段と考える——その傾向は、革命政権にはつきものだが、このカンボジア革命には、特にそれが顕著だった。それがこの年金の話にも現れている。支払い方式にまで言及するのも、その方がよく欺けるということだろう。

クメール・ルージュVS.シアヌークの綱引きはこうして終わった。その後、三三ヵ月の間、シアヌークは主にプノンペンの王宮構内に、回想録のタイトルのように「クメール・ルージュの囚人」として軟禁されることになった。扱いはいちだんと厳しくなる[15]。

生死不明

殿下と同時か前後して帰国し、それまでプノンペンに留まることを認められていた娘二人とその家族は、地方に送られ永遠に姿を消してしまった。シアヌーク夫妻と一緒の生活を許された子どもは、モニク妃との間の息子たち、シアモニとナリンドラポンの二人だけだった。クメール・ルージュは、シアヌークが国家元首を辞任すると同時に、偽のシアヌーク電報という手段まで用いて、二人を留学先から呼び寄せた。シアヌーク、モニク夫妻と同居させて、人質家族としたのだろう。

後になって分かったところでは、殿下の一四人の子どものうち五人、孫のうち一四人がポル・ポト政権下で死に追いやられた。

外国への旅行はもちろん、外国との手紙のやりとりも許されなくなった。七六年九月、毛沢東主席が死亡したときも、シアヌークはプノンペンの中国大使館を弔問に訪れることすら認められなかった。シアヌーク殿下の所には、たまにサムファンらが革命の進展を誇りにやってくるだけとなった。シアヌークは「半年に一回、健康チェックと病気治療のため北京に行かせてほしい」と、懸命に頼んだ。だが、

「あなたはもう引退した私人でしかない。わが国内にもとてもよい医者がいる。欧米の特別の薬が必要なら、それを買わせて届けさせる」

という返答で終わった。結局、この三三ヵ月の間、外部の者は誰も殿下に会えなかった。

中国、北朝鮮、ユーゴ、ルーマニアなど多くの国の要人や外交官が、シアヌークとの会見をポル・ポトらに要請したが、全部却下された。七八年一月にカンボジアを訪れた最高級の要人、故周恩来首相の夫人、鄧穎超《とうえいちょう》中国全国人民代表大会常務委副委員長も、繰り返し要請して却下された。しかし、相手が相手だけにポル・ポトたちも考えたのだろう。シアヌークの推測によれば、最低限の譲歩として手のこんだことをやった。すなわち、鄧女史の滞在二日目、サムファンからシアヌークに、「明日、近郊まで一緒にドライブしよう」との連絡が入る。そして翌日朝、首都西方にできた貯水池を視察する。ドライブの間、サムファンは腕時計の時間ばかり気にしている。そして、測ったように正午きっかり、車はプノンペンの大通りに戻ってきて、とあるビルの前をことさらゆっくり進んだ。ビルのガラス窓の向こうには、はっきりは見えなかったが何人かの人間がこちらを見つめているようだった。殿下は、それが鄧穎超一行であり、鄧女史がシアヌークとその家族の無事を目で確認できるよう、ポ

ル・ポトらがアレンジしたのだと推理している。

シアヌーク殿下の生死に関する国際社会の懸念と疑念は、七八年末まで深まる一方だった。七八年一〇月、そうした懸念・疑念を払おうとポル・ポト政権が殿下の写真を一枚公表した。その前の九月末、サムファンらが久しぶりにシアヌークを食事に招待した。その時撮った写真である。ところが、口をぽかんと開き、笑っているような引きつっているような表情だったから、ひどい扱いで身体が悪いのではないか、話す能力を喪失しているのではないかなどと憶測を生んだ。

シアヌーク殿下にとって、それは暗澹たる年月だった。国内旅行またはドライブと言えるものも、帰国直後の七六年一月の東部のコンポンチャム州訪問の後は、前述の鄧穎超訪問中の首都西方ドライブ、七八年八月の首都に近いカンダル州巡回、九月のコンポンソム（シアヌークビル）港への〝バカンス旅行〟、そしてプノンペン陥落直前の七九年一月初めのバッタンバンなど北西部への旅行ぐらいしかない。どれも政権によって否応もなくお膳立てされ、サムファンなどが監視役として同行する旅である。

どこも変わり果てた光景。民衆は荒地でアリのように働かされていた。それに車の横に座ったサムファンの旧体制非難と革命政権の成果吹聴がついて回った。民衆の中にはシアヌークを見て喜びの声を上げる男女もいたが、シアヌーク支持者と分かったら彼らは殺される可能性がある。殿下としてはそれを心配し、できるだけ控えめな反応しかできなかった。

それ以外、籠の鳥のシアヌークは、こっそり聴くＶＯＡ（米国の国際ラジオ放送）やＢＢＣ（英国国営放送）など外国放送がほとんど唯一の情報源だった。そうした放送のカンボジア関係ニュースは暗黒物語ばかりである。そして、いつ殺されるか分からないという恐怖と闘い続けなければならなかった。

とりわけ七七年三月末、政権から王宮に派遣されていた兵士以外の人員全員に、ただちに王宮を去るよう命令が出され、全員がいなくなった夜。さらには夜中にまったく唐突に「一五分後に出発」と告げられて始まった七九年一月初めの最後の旅行（後に、それはベトナム軍決死隊がシアヌーク誘拐を企図し、首都に突入した事件がおきたための緊急避難だったと分かる）。そのつど、シアヌーク夫妻は「もはやこれまで」と覚悟を決めた。

父と息子

そんなシアヌークの傷に塩を擦り込んでギリギリと苛《さいな》んだのが、息子のナリンドラポン殿下だった。回想録の中で、シアヌークの嘆きと憤りがもっとも激しくぶつけられている個人は、ポル・ポトでもサムファンでもない。この息子である。ちなみに息子の次はイエン・サリだ。シアヌークの他の子どもたちは幼時から父親と一緒に住むこともできなかったが、ナリンドラポンは兄シアモニ殿下とともに、何不自由なく育てられた。それが、「解放」とともに旧体制派からクメール・ルージュの完全な支持者へと転向し、特にシアヌークの国家元首辞任後は、父母を面罵《めんば》し続ける。

「僕は旧体制の汚れた産物で、その欠陥を受け継いでいる。そうした欠陥を承知しているから、民主カンボジアの革命家たちを心から賛美する。……まったく『革命組織』のおかげで、カンボジアは歴史上初めて、世界中から羨まれる威信を得ているのですよ」。

だが、ポル・ポト政権はソ連修正主義の総本山に留学した彼に、「KGB（ソ連のスパイ機関）の手先」というレッテルを貼っていたから、ナリンドラポンがどんなに「王宮を飛び出して、人民の役に立ちたい」と訴えても相手にしなかった。

ポル・ポト政権崩壊後パリに移ったナリンドラポンは、

「父親と徹底的に闘い、父親がふたたびプノンペンで政権を握るようなことになったら、死ぬまで武装ゲリラ闘争に突入する」

などと宣言した。八三年には、

「ポル・ポト氏の誤りは、反動派、腐敗分子、裏切り者たちをたった二〇〇万人しか殺さなかったことだ。五〇〇〇万人も片付けてしまえばよかったのだ」

といった、ポル・ポト原理主義の極みのような仰天コメントも残した。

私は、八一年一月、タイ国境のジャングル地帯で再びゲリラに戻ったキュー・サムファンに数人の記者とともにインタビューした時、このナリンドラポンを紹介された。気弱そうな青年で、国の統一のため多大な貢献をした父親を尊敬していると強調した。当時、シアヌークは、ポル・ポト派とはもう協力できないと宣言していた。シアヌークともう一度スクラムを組みたいポル・ポト派は、ナリンドラポンをスクラム作りのための一つの駒に使おうとしていた。後にシアヌーク回想録を読んでから考えると、ナリンドラポンは、やっと念願かなってポル・ポト派のために働けると張り切り、懸命に演技していたのかもしれない。

二〇〇三年一〇月、四九歳のナリンドラポンはパリでひっそりと死んだ。一人暮らしで死因は心臓発作らしく、発見されたときは死後二、三日経っていた。仕送りを続けていた母モニク妃は、実の息子の死を嘆き悲しんだが、父国王からは一言の弔辞もなかった。

話を戻すと、ポル・ポト政権末期、シアヌーク夫妻が殺されてしまう可能性もゼロではなかったようだ。だが、中国がまた後ろ盾となり、ぎりぎりに中国へ脱出させた。シアヌークは、ふたたびポル・ポト派のために国連の演壇に立った。昨日まで囚人だった殿下が恩讐《おんしゅう》を越えて残虐な獄吏《ごくり》たちのため最後のひと働きをする。不思議がる声は多かった。それを望んでいた中国への義理もあったろう。しかし、それよりもやはり祖国カンボジアの独立が外敵ベトナムに圧し潰されるのは、絶対耐えられなかったのだろう。シアヌーク殿下の心のキーワードも、あくまで「独立」だった。

4　憲法公布と国民生活

世界一簡単な憲法

一九七六年一月五日、民主カンボジア新憲法が公布された。わずか一六章二一条の世界一簡単といえる憲法だった。全土「解放」直後の七五年四月二五〜二七日に開かれた「特別国民大会」や五月二〇日の軍民幹部大招集の集会で示された新政権の基本戦略を、憲法としてまとめたものだ。簡単で粗《そ》漏《ろう》で、憲法草案メモといった感じで、書かれていないことがあり過ぎる。七九年一月までの統治の間に、こんな憲法以外、法律というものをまったく施行しない「非法治国家」で過ごしたのも、革命指導部に法律や行政を学んだ人間がほとんど一人もいなかったせいだろう。

憲法には「絶対に」とか「断固」「厳重に」といった副詞が目立ち、新革命政権がまゆを吊り上げ、肩に力を入れている様子が伝わってくる。国名は、「王国」などという目くらましの呼称をかなぐり捨て、「民主カンボジア」となった。

そして、立法府として選挙で選ばれる議員二五〇人の人民代表議会を設けること、国家元首は国家幹部会議長とすること、生産手段はあくまで集団所有とし、労働も集団労働とすること、非同盟外交政策を堅持することなどを決めている。「人民代表議会によって選出された各級裁判官が、法律に違反するすべての活動に判決を下す」といった、まったくの空文に終わった条項もある。皆裁判などなしに処刑されたからだ。

だが、特に印象的で注意をひいたのは、次のような点である。いずれもポル・ポト政権の国民統治イデオロギーの柱だった。

宗教弾圧

第一に宗教だ。憲法は第二〇条で、こう明言している。

「国民は誰も、いずれかの宗教を信仰する権利、いずれの宗教も信仰しない権利を持つ。民主カンボジアとカンボジア人民に有害な反動的宗教は厳重に禁止される」。

カンボジアはそれまで、国民の九五パーセントまでが仏教信者という国だった。民衆の生活は完全に仏教を中心とし、国内の寺院は約二〇〇〇、僧侶は約八万人にのぼるといわれた。内戦中の民族統一戦線の政治綱領も、まだ仏教を国教と規定していた。私自身、七三年に「解放区」の村に入ったときに見た「お坊さんを大事にする光景」が、目に焼き付いていた。

前述の「特別国民大会」に関する発表によれば、出席者には二〇人の仏教僧侶が含まれていた。ところが、その後のラジオは、ロークソン（カンボジア語の「僧侶」）のロの字も口にしない。そしてこの憲法で、宗教を完全に排撃する姿勢が天下に宣言された。

すでに、カンボジア領内からタイに脱出してくる難民たちの証言には、寺院や僧侶がひどい目にあっている話があふれていた。僧侶も一般民衆とまったく変わりなく、生産労働に従事させられていた。僧侶は「寄生虫」「黄色い衣装のなまけ者ども」と表現され、売春婦と同じで「生かしておいても得にならない特殊階級」とみなされているようだった。さらには、「僧侶は殺せ」との命令が出ている、との話もあった。

寺院は、豚小屋や収穫米の倉庫、政治教育集会場などと化していた。兵士たちが仏像を全部川の中に投げ捨てたり、車止めに使ったりしているのを目撃して、ショックを受けたという難民も少なくなかった。イスラム教徒なども、宗教書や宗教上の慣習を捨てるよう強制されている、ということだった。

後に分かったことだが、五月二〇日の集会ですでに「仏教僧侶は皆、強制還俗《げんぞく》させ、農作業に従事させる」方針が幹部たちに伝えられていた。七五年末には僧侶の約九五パーセントが還俗させられたとみられている。第二〇条の前段で「いずれかの宗教を信仰する権利」などといっても、まやかしの絵に描いた餅でしかない。革命政権にとって、仏教は「旧体制の反動宗教」であり、人民の意識を仏教の鎖から解き放つことも絶対的に重要だった。

「解放」後のカンボジアは、「(革命)組織〈アンカ(・パデワット)〉」という、いわば一神教の支配する国となった。民主カンボジア政府が登場するのは七六年四月だし、共産党がベールを脱ぐのは七七年九月末になってからだった。農作業も「組織」のためなら、結婚式を行うのも「組織」、すべて「組織」「組織」である。だが、「組織」の顔は見えず、中身は謎に包まれている。すでに引用した「アンカはパイナップルの目を持っている」というスローガンは、「組織」は全知全能で、何でもお見通しだと強調するものだ。まさに秘密警察が人民のすべてを監視する全体主義政治を描いたジョージ・オーウェルの小説『一九八四年』の中の「ビッグ・ブラザー」(小説に登場するネットワークを利用してすべてを支配する独裁者)である。「組織」は神に等しい。それだけに、他の宗教は彼らにとって許し難い競争相手となる。

統一戦線綱領でも仏教を国教にしておいて、戦争勝利後は手のひらを返すように、強引で思い通りの変革を断行していく。シアヌークの看板を利用し尽くしたことと同様、ドライで冷酷で巧妙な作戦だった。

教育は要らない

第二に、憲法の前文にあたる部分には、「すべての者が力を合わせて、共に肉体労働にいそしみ、国家の建設と防衛のために生産を増強する」と書かれている。つまり、このカンボジアでは肉体労働だけが求められ、頭脳労働は必要ないのだ。

全土「解放」直後に学校と病院の閉鎖命令が出たと、元地方幹部たちは言う。「解放」前の教員というだけで処刑の対象とされた。七九年一月にポル・ポト政権を打倒したヘン・サムリン政権が同年八月に開いた「ポル・ポト－イエン・サリ一味の大量虐殺犯罪を裁く人民革命法廷」の報告書によると、南西部のカンポットのトゥクネアス郡などでは、すべての男女教員が断崖から突き落とされた。報告書は、内戦前の六八年と七九年八月の教員数を比較しているが、初等教育の教員は二万一三一一人だったのが二七九三人、中等教育の教員は二三〇〇人だったのが二〇人へと激減している。といって、革命政権は新しい教育の導入にも熱心ではなかった。この新憲法にも教育に関する条項がまったくないのである。

この後、七六年八月にポル・ポトは党中央の会議を招集し、すべての分野で革命を推進しようとする四ヵ年計画を提示した。結局この計画は、きちんと導入されずじまいとなったが、ここでも教育や文化に関する部分はいかにも薄い。ポル・ポト政権時代を通じて、小学校教育は一部だけ、中学校教育はまったく存在しなかったとされている。

小学校教育といっても、授業は一日三〇分程度。それも子どもたちに革命の歌やスローガンをたたきこんだだけだ。その他の時間は、水牛や牛の番をしたり土運びをしたりの集団労働キャンプである。政権崩壊後三年近く経った八一年一〇月、私はカンボジアを訪れたが、その際、タケオ州で会った三二歳の元村落教育幹部（教員）の女性から、「新人民の教え子が革命組織賛歌の替え歌を歌っていたのが見つかり、格下げ処分にされた」と打ち明けられた。

ポル・ポト政権は、毛沢東・中国の影響で、頭の中が白紙の子どもこそが信頼できると見なした。

読み書き、算数など覚える必要はない。中学生の年齢の少年少女は、学校でなく、兵士から伝統医療の〝裸足の医者〟まで、社会の重要な仕事につかせて働かせなければならない。ポル・ポト政権の指導者たちも近代化の必要を認識してはいたようだ。七五、七六年に、ポル・ポトもヌオン・チェアも「農業も工業も一〇〜一五年後には近代化されるだろう」と述べている。しかし、将来の近代化のために教育が必要という意識は、まるで感じられない。当面は古代エジプトのピラミッド造りや中世カンボジアのアンコール・ワットの建設現場をほうふつとさせる、アリのような民衆の人海大労働しか考えていない。ポル・ポトをはじめ指導者の多数が元教員だったのに、あまりにも教育を軽視していた。

旧文化狩り

第三に、憲法第三条は文化制度についての条項だが、民主カンボジアの文化は、民族的で清潔な文化であるとしたうえで、

「この新文化は、カンボジア国内の様々な抑圧階級ならびに植民地主義、帝国主義の腐敗した反動文化に断固反対する」

とだけ述べている。

パリ留学生OB・OG会の観があるポル・ポト政権指導部が、外国特に西側の文化を絶対駄目と言っている。留学生といっても、ポル・ポトはもともと学業は苦手だったし、イエン・サリもソン・セ

ンも卒業証書をもらえなかったのだから、「落ちこぼれ組の学問や知識への復讐さ」と片付ける声もある。けれども、小学校からいつもクラス首席だったキュー・ポナリー、シェークスピア研究にいそしんだイエン・チリトの姉妹などもいた。そして、ともかく皆、奨学金をもらって留学したのである。それが知識や、少しでも〝外国色〟のある文化に敵対する。大きな皮肉には違いない。

こうして、偏執狂的な旧文化・外国文化狩りとなった。

政権末期、ベトナム軍との武力対決が劣勢になり苦境に立たされると、中国の助言もあって、一部開放政策に転じ、文化対応の部分修正も行われた。だが、政権のほとんどの期間を通じ、新人民が都市でなじんでいた文化や風俗、習慣はどれもご法度で、彼らはすべてを完全に忘れ去って牛馬のように働かなければ、生命を失うことになった。英語やフランス語をちょっとでも口にしてスパイに聞かれ、処刑されたという新人民は少なくない。伝統的な祭り、七五年四月以前に都市で人気のあった流行歌や踊り、遊びなどもすべて「敵」となった。

「歌い死に」

八一年一〇月にカンボジア国内とカンボジア・タイ国境を旅行した私は、踊りと歌と、二人のスターの話を取材した。一人は一九六〇年代からクメール古典舞踊の大スターだったボーン・サバイさん(当時三〇歳)。美しい容姿となまめかしい白魚のような指と手足の動きで、アプサラ(天女)の舞の第一人者となり、七〇年の大阪万博の際には日本公演もした。ところが、ポル・ポト時代にバッタンバンに送られ、白魚は農作業やダム建設で土と苦闘することになった。舞踊のスターだったという身元がばれて、殺されては大変と夜逃げもした。美しさに目をつけた地区幹部に強制求婚され、一緒にいた弟を夫だと称してなんとか逃れたりもした。そんな受難話だった。

もう一人は、ペン・ソパラさん（同三〇歳）という女性歌手。ロン・ノル時代にすでに歌手だったが、まだ駆け出しだった。だから、ポル・ポト時代、南西部タケオの村に移住させられたが、「私は野菜売りでした」と偽って、生き延びることができた。特に新人民は歌を禁じられた。近くに兵士やスパイがいそうもない時だけ、こっそり歌った。夫も殺された。両親も死に、七人兄弟姉妹のうち三人しか残らなかった。

だが、ロン・ノル時代にすでに有名だった歌手は、うそをついて生き延びることができない。女性のロス・セレイソテア、フイ・メアス、ペン・ローム、ソ・サブーン、男性のシン・シサムートその他の花形歌手は、ほとんどが歌手だったというだけで殺され、あるいは病死してしまった。フイ・メアスの場合などは、知っている歌を全部歌い続けろと命令され、「歌い死に」させられたという話が伝わっていた。七九年、ヘン・サムリン政権時代となって、生き延びた歌手に舞台が回ってきた。ソパラさんはすぐプノンペンに戻ると、ポル・ポト時代の体験をそのまま歌にした「血と涙」というオリジナルを歌い始めた。これが時流に乗って大ヒット、彼女は押しも押されもせぬスター歌手にのし上がった。

いったいどうして、ポル・ポト政権は踊り子や歌手までそんなに目の敵にしたのだろうか。

ポル・ポト論理では、彼らは旧体制文化の病原菌なのだ。菌は駆除しなければ広がってしまう。あるいは、かごの中にある腐った果実である。放っておくと、その周りの果実まで腐ってしまう。だから取り除くほかない、というわけだ。

「歌い死に」などということがあり得るのかどうか分からない。あるいは、ずっと木に縛りつけられ、そこで歌い続けていろと命令され、放置しておかれたまま死んでしまったのかもしれない。しかし、「歌い死に」伝説は、ポル・ポト派の旧体制、旧文化に対する強烈な復讐心と残虐性を物語る話として、市民の間で信じられているようだった。

国際援助を拒否する

憲法で注目された第四の点は、最終二一条の外交政策の文言である。

「外部からの軍事的、政治的、文化的、経済的、社会的、人道的などのいずれにせよ、カンボジアへのあらゆる形式の破壊、侵略に対し、断固闘争する用意がある」。

ものすごい対外警戒心だ。人道的侵略というのも奇妙な言葉だが、要するに外国からの援助、国際援助は受け入れない。あくまで自分たちの持てる手段だけで取り組み、解決するということだ。「独立」「自立」にかけるポル・ポト指導部の強い思いが表現されている。ポル・ポト政権のスローガンがいうように、「自分の力にしか頼らず、祖国の運命の完全な主人公になる。カンボジア革命の慧眼《けいがん》の路線万歳！」なのである。

ポンショー神父は、「解放」直後、プノンペンのフランス大使館に集まった外国人たちが出国する時の、フランス副領事とクメール・ルージュ側担当者とのやりとりの模様を記している。副領事は、フランスが迎えの旅客機をプノンペンに送ってフランス人と外国人を運ぶことを提案した。すると、担当者は怒りをあらわにして言い返した。「われわれにも手段はあるのだ」。神父は、彼らの輸送能力を信用しない外国人の言葉が、彼らを傷つけたのだと書いている。結局、クメール・ルージュは、ずっと大きなよけいな労力を払って、トラックを何十台も使い、タイ国境の町ポイペトまで五〇〇キロもの地上旅行を組織して、外国人を運んだのだった[16]。

ポル・ポト政権は、こうして半鎖国の自力更生に突入し、国際機関や西側諸国からの援助申し出をはねつけ続ける。内戦後の貧しい小国で、国際機関などの援助なしの国土復興はあまりに過酷であり、その過酷はすべて民衆にのしかかった。

ユニセフ（国連児童基金）やＷＦＰ（世界食糧計画）などの援助だけでも継続的に受け入れたら、ポル・ポト政権時代を通じて死に追いやられた人々の総数は、半減したかもしれない。だが、そんなことは「自立」を金科玉条に掲げ、またこの〝素晴らしい革命〟を覆そうとねらう内外の敵を最大限警戒するポル・ポトたちにとって、まったく問題外だった。

ただ、中国、北朝鮮といった〝素性の安心できる国〟からの援助は受け取る。それでも「できるだけ受け取らないぞ」という姿勢である。七五年に、北朝鮮が大量のトラクターなどの供与を申し出たとき、キュー・サムファンは「カンボジアの主人は自分たちですから」と言って断った。同年八月、彼が訪中して毛沢東主席に会った際、毛沢東は当然援助申し出があるものと予想していた。だが、サムファンはその代わりに、中国にコメを売る契約を結んだ[17]。中国の援助がポル・ポト政権を支えたことはもちろんだが、兵器などの分野が非常に厚く、民衆の生命を守る人道援助分野はいかにも薄かった。貿易は、七六年一〇月に香港に国営貿易会社を設置し、日本やタイ、フランス、さらにはアメリカなどとも少しずつ行うようになった。けれども、これもあくまで対中国中心だった。

「集団労働」の様子

集団食事制

最後に、この憲法に書かれていない重大な政策がいくつかある。

たとえば、通貨と市場の廃止だ。通貨があるから私欲物欲が起こり、革命推進に有害になるとして、全土「解放」後ただちに廃止された。しかし、七五年五月の幹部大集会での指導部の説明によると、ロン・ノル通貨に代わる革命紙幣も印刷ずみだったという。つまりポル・ポト指導部にも迷いがあり、将来、革命の根づき方しだいで、もう通貨や市場を復活させても大丈夫となったら復活させる可能性もあった。それだけに憲法で言及はしなかったとみられる。

さらに、「集団所有」「集団労働」「集団輸送」などが唱えられる中で、「集団による食事」などは記されていないが、これは民衆にとってきわめて大きな問題だった。家族ごとの食事が許されず、村落の共同食堂で、集団で食事をとらなければならない。集団食事制のスタートは地域によって様々で、七三年のところも、七五年のところもあった。だが、全国的に導入されたのは、七七年一月だった。

本人の意思と無関係の強制結婚（女性を内戦で負傷した兵士などと結婚させる）なども、非人間的措置の代表として伝えられたが、これはあくまで限られた一部の地域でしか実行されなかったようだ。

しかし、集団食事制は大半の地域で実施され、しかも配給量が減るばかりで、民衆の大きな嘆きの種となった。

家族をずたずたに切り離すことは、革命政権の一大目標であるようにすらみえた。民衆に繰り返し吹き込まれた革命スローガンに、「『組織』は小さな子や青少年男女の父であり、母である」というものがあった。このスローガンに沿って、子どもたちは幼児のうちから集団子ども労働キャンプに入らなければならない。昼間だけでなく、夜も、という場合も多かった。親が子どもを叱るのは、「組織」の権利を犯す越権行為とされた。

夫や親を虐殺した後、夫の死に泣いている妻、両親が殺害されて泣いている子どもに、「どうして敵が処刑されたのに泣いているのだ。革命を愛していない証拠だ。お前も死にたいのか」などと脅す地方幹部もいたという。これほど冷酷な言葉をはくことは、ポル・ポト革命が一大模範とした中国・文化大革命の紅衛兵すら、一瞬躊躇しただろう。毛沢東革命も「家族」を攻撃したが、その攻撃はポル・ポト革命ほど過酷ではなかった。

もともとカンボジアの民衆にとって、拠り所は「家族」と「仏教」と「土地」だった。それをポル・ポト政権によってすべて取り上げられた。特に、集団食事制は、家族のつながり・団欒という民衆に残されたもっとも大事なものを奪った。基幹人民、新人民の程度の差こそあれ、生きがいの消えた社会がやってきた。

5　マジック・ミラーの裏側から

ポル・ポトって誰だ

七六年四月一四日、民主カンボジア政府閣僚が発表され、ポル・ポトが首相に就任した。だが、その後もポル・ポトは厚いベールに包まれ続けた。皆初めて聞く名前でよく分からない。いそいで三月二〇日に行われた人民代表議会選挙の当選者名簿を見ると、「ゴム園労働者代表」として同じ名前があった。

この選挙は、投票率九八パーセントで三四六万人が投票したと発表されている。しかし、政権崩壊後の証言だと、新人民はほとんど投票が認められなかったようだ。だから、でたらめな数字だろう。とにかく、選出されたのは、労働者、農民、兵士代表で二五〇人である。候補者はもちろん上から決められた。サロト・サル（ポル・ポト）がゴム園労働をしたという話はない。かつてベトナム国境地帯のミモトのゴム園に近い秘密アジトにいたことがあるから、それからの連想だろう。人民代表議会は四月一一日に招集され、国家幹部会と政府閣僚を承認した後は、二度と招集されなかった。

国家幹部会は議長がキュー・サムファン、第一副議長ソー・ピム、第二副議長ニム・ロス。政府は、首相のポル・ポトの下、閣僚が八人。外務担当副首相イエン・サリ、経済担当副首相ボン・ベト、国防担当副首相ソン・セン、情報宣伝相フー・ニム、社会問題相イエン・チリトなどだった。ボン・ベトの下には、農業、工業、商業など六つの委員会の委員長（閣僚級）が配置された。党副書記のヌオン・チェアには人民代表議会議長の肩書きがついた。ほかに実力者ポストとして、党の東部、西部など各地域の書記七人もいた。

以上のポストの合計は二六だが、兼任者がいるから人数は二三人。うち一〇人がこの後、二年八ヵ月の間に粛清された。ソー・ピムは党序列五番目だったのに、自殺に追い込まれた。経済関係の統括責任者で、昇り竜の感があったボン・ベトも、やがて殺される運命だった。地域書記は南西部の大実力者タ・モクを除き、皆粛清された。

1975年６月にもひそかに中国を訪問していた　左列中央がポル・ポト、その隣にイエン・サリ、右列中央が鄧小平・党副主席（最近公表された写真）（Phnom Penh Post／Asiaworksphotos.com）

いぜんとして、ポル・ポトの経歴も写真も公表されない。外国の研究者たちが、ポル・ポト＝サロト・サルだと最終確認できたのは、やっと翌七七年九月末である。中国を訪問したポル・ポト一行が北京空港で華《か》国鋒《こくほう》中国共産党主席、鄧小平副主席の出迎えを受け、大歓迎された。その時撮影された写真が、ポル・ポトとして公表された初めてのものだった。

ポル・ポト首相が国内の群集の前に現れるなどといったことは、まったくなかった。七六年四月末にタイに脱出した軍のヘリコプター操縦士は、タイ紙『バンコク・ポスト』にこう語っている。

「ポル・ポト首相は最高指導部の中には入っていない。カンボジアを支配しているのは五人で、序列順にサロト・サル党書記長、ヌン、イエン・サリ副首相、ソン・セン副首相、ヤンである。ヌンとヤンは変名だと思う」。

同じころ、アジア問題専門誌にも次のような、後から見るとまるで的外れの論評がのったりした。

「イエン・サリが最大の実力者としてはっきり浮かび上がった。彼は親ベトナム・親ソ連派として知られ、党書記長だとみられている」。

そんな具合で、ポル・ポト政権の〝かくれんぼ統治〟は続いた。自分は身を隠したまま、すべての相手を見つめる。いわば片面素通しのマジック・ミラーの裏にいるような状態は、ポル・ポトがもっとも好むものだった。

自己陶酔

実際、後からみると、ポル・ポト革命政権にとって、この年の八月ごろまでがもっともよかった時期、革命推進の前向きの熱情が盛り上がった時期だった。内部の敵の粛清もまだ本格化してはいない。ベトナムとの衝突もひどく深刻にはなっていない。「自分たちの正しい路線、戦略、政策で、あの強大な米帝国主義に勝った」との誇大な自信と自己陶酔で、気分はすごく高揚したままだ。党中央の文書、そして地方幹部や民衆に向けたスローガンには、次のような傲慢《ごうまん》とも誇大妄想ともいえる文句が並んだ。

「『組織』は完全に正しく、驚くほど明晰で、驚異的な大躍進を実現しつつある」

「中国や朝鮮、ベトナムの革命と比較しても、われわれは三〇年は進んでいる」

「『組織』は、レーニンよりも毛沢東よりも優《まさ》っている」

「中国はまだ通貨を用いている。解放時で比べると、民主カンボジアは中国より一〇年は進んでおり、世界の模範となる国だ」

国民を洗脳するための政治宣伝には違いないが、ポル・ポトら最高指導者たち自身が、本当にそう思っていたようだ。その思い込みの強さのために、「このような世界に類のない素晴らしい革命だからこそ、内外の敵が破壊工作を仕掛けてくるのだ」との疑念の固まりになってしまう。その疑念が、やがて、粛清やベトナムとの対決を一気に加速させた。

自己陶酔の中で、ポル・ポトは「すべての分野で社会主義建設を達成する党四ヵ年計画」導入に取り組んだ。この計画はすでに七五年から一部実行されていたが、七六年七〜八月に党中央の二つの会議に提示された後、九月に発表され、七七年初めには全面的に実施される予定となっていた。

計画文は、

「われわれの路線は正しい」「党や人民の『革命力』は非常に強い。だから敵を打ち破った、国の経済建設もそれと同じだ」

と強調している。

借り物スローガン

もちろん計画も、困難がいくつも存在していることを認めていた。中国や北朝鮮や北ベトナムなどの諸国と比べて、工業に関してはきわめて弱いとし、こうも書いている。

「中国はわれわれと違う。……朝鮮も同様である。植民地宗主国の日本が供給したものだったが、とにかく工業基盤があったのだ」。

北朝鮮も韓国も「妄言だ」と怒り出しそうな記述ではある。弱いと認めてはいても、旧体制の工場労働者を用いると、政治的に複雑な問題をたくさん生んでしまうから用いない。外国の援助も少ししか受け入れず、外国からの投資も許さない。だからこそ、工業ではなく「あくまでも農業の分野で戦う。農業の戦闘が終わったら、他の分野に移行する」「この戦闘は速やかな戦闘となる」と宣言している。

どだい戦争と経済建設は違う。このように戦争モードで取り組んでも速く社会主義建設ができることにはならない。だが、こうして、この計画は大半のページを農業、そのまた大半をコメに当て、

「強襲攻撃」をかけようと唱えるものとなった。目標数字はヘクタール当たり三トンだった。

もみ米ヘクタール三トン（二期作用の田はその二倍）というスローガンは、すでにこの計画の前から導入されていた。それは、少し前に中国で始まったキャンペーンの数字をそのまま真似たとみられる。もともと中国とカンボジアでは面積当たりの収量は大きく違う。ＦＡＯ（国連食糧農業機関）の統計によれば、七七〜八一年の五年間、中国のヘクタール当たり収量は平均三・九六トンだった。一方、カンボジア、ベトナム、ラオスの三国は合計で計算されており、一・八六トン。戦乱の後であり、世界の米作地帯の中で最低レベルだ。カンボジアはその中でも過去の数字などから判断して、三国平均よりもさらに低いと推定される。つまり、実力の倍以上の収量を国民に要求したことになる。結局、ポル・ポト最高指導部には農業経験者がおらず、自前の農業政策もなく、稲作の環境がまるで違う中国からの借り物スローガンでも通用すると考えたのだろう。

計画では、七七〜八〇年の四年間に総計二六七〇万トンのコメを生産する予定を立てた。うち三分の一近くが古くから大穀倉地帯となってきた北西部地域（バッタンバン、プルサット）である。総計のうち四分の一以上の七〇〇万トンを輸出し、約一四億ドルの外貨を稼ぐ皮算用だった。それも田の面積など基礎統計が一九六〇年代の古いものだし、その後の戦争による破壊などをろくに考慮に入れていないから、大変である。

そして、さらに問題は、その北西部地域にプノンペンやバッタンバン市から一〇〇万人を超える新人民が移住させられ、農民の中でも新人民が圧倒的に多いことだった。すなわち、「革命の敵」と見なされる人々が、革命経済の成否のカギを握らされたわけである。農機具から化学肥料までないないづくしだった。ポル・ポトたちは、農業の素人だった人々を、使い捨ての人海戦術で最大限働かせれば、なんとかやれるはずと考えたのだろう。

しかし、七六年も七七年も、コメの生産は、革命政権の甘い予測を大きく下回った。特に北西部はひどかった。輸出予定量をクリアできないと、中央から「裏切り」の疑いをかけられるかもしれないから、地方幹部は地元の食糧用の分までそちらに回した。北西部の民衆はひどい打撃を受ける。地域内で年間数万人が餓死する残酷な事態となった。

四ヵ年計画のまぼろし

四ヵ年計画は、コメ、コメ、コメと唱えた後で、他の農作物、軽工業、重工業、貿易、観光から文化、教育、保健、そして「人民の生活水準の引き上げ」まで、大急ぎでスケッチしている。たとえば、保健では中国の「裸足の医者」を真似て、地方の伝統医療を奨励しているが、十代前半の子どもの怪しげな伝統医療師のために、この後どれだけの人々が生きられるはずの命を落としたか分からない。その一方で、病院も中央から地方まで各レベルで少しずつ建てるとしているが、医者を殺戮対象にしたり、農作業に追いやったりした後で、どうして病院の運営が可能なのか、まったく分からない。

「人民の生活水準の引き上げ」の項では、集団での食事を組織し、「七七年には集団でデザートを週二回、七八年には二日に一回、七九年には毎日一回食べられるだろう」と、なんとも甘い約束が記されているだけである。

結局、ほかの社会主義国には五ヵ年計画があるのに、もっとも進んでいるカンボジア革命に何もないのでは、カンボジア革命の名がすたると考えたのかもしれない。それで、ろくな統計も資料もないのに作成したと思えるずさんな計画だ。現実遊離のコメ作り・輸出計画への危惧や懸念は、党中央の会議の席でも、ある程度出たに違いない。もともと具体的な部分の少ない計画だし、ポル・ポトも、「それなら別に発表したりする必要はない。だいじな部分が実践されていれば、それでよい」と考えたかもしれない。四ヵ年計画は、結局発表されずじまいとなった[18]。

首相「辞任」のかくれんぼ

この計画の中身と成り行きは、ずさんなポル・ポト行政の真骨頂だったと言えるかもしれない。だが、発表取りやめには、さらに重大な理由もからんでいた。

ポル・ポトは、この七六年九月三〇日の党創立記念日には、四ヵ年計画と同時にカンボジア共産党の存在を公表する予定だったという。党の公表を予定したのは、中国の意向に沿ったものだった。ところが、共産党宣言もさらに一年先に延ばされることになった。

そしてまた、ポル・ポト流かくれんぼ——首相辞任が発表された。九月二七日のプノンペン放送は、「数ヵ月前から悪化していた健康上の問題のため一時辞任する」とだけ明らかにした。だが、本当に病気のためだったら、そのような自分の弱みになることを、秘密好きのポル・ポトが絶対に公表するはずがない。党の創立記念集会の代わりに党中央の研究集会が開催された。議長を務めたのは、もちろんポル・ポトだったという。

この九月には中国の毛沢東主席が死んだ。中国の権力展望は一時混沌としてわからなくなった。カンボジア党内にも不安が広がった。さらに一〇月初め、中国では権力奪取をねらった江青《こうせい》夫人ら四人組が逮捕された。ポル・ポト路線はもちろん四人組よりだったから、混沌の中で事態はポル・ポトたちには面白くない方向へ動き出した。そんな中で、九月下旬に、党北東部地域書記のネイ・サランとベトナム滞在の長かったケオ・メアスという大物二人を、「裏切り者」として逮捕する。この月に反ポル・ポト・クーデター計画のようなものが摘発された、との見方もある。そんなに大規模な計画ではなかったとしても、何かがあった。そこでポル・ポトは身を隠したのだ。

警戒モードへ

ポル・ポトは、この年末、一二月二〇日に七六年の情勢を総括する党中央の検討会議を開いたが、八月ごろまでとうって変わって、気分高揚と楽観よりも厳しい警戒モードの報告書を提出した。「敵」「裏切り者」「党内の病気」「醜悪なばい菌」「死活的矛盾」「個人主義」といった単語がいっぱい詰まった報告書だった。そして、九月末の事態などについて、こう説明した。

「(外国の)友党は、わが党が表に出ることを求めてきた。……だが、敵もまたわれわれが表に出ることを望んでいる。われわれをはっきりと観察し、自分たちの長期目標の達成に向け前進することができるからだ。党を公表すれば、指導部を防衛しなければならないという問題が生じる。今年九~一〇月に、われわれも表に出ることを考えていた。だが、その後入手した文書は、敵ができる限りの手段で、われわれを打倒しようとしてきたことを明らかにしている。……だから、われわれは党の公表延期を決めたのだ」。

「先ごろ、裏切り者たちの糸を粉砕した。人民民主革命の時代から組織されたグループだった。

あの時代は、そういった連中もわれわれとともにいた。いまや社会主義の時代になったのだから、連中は取り除かなければならない。一九七六年は、激しくも厳しい党内の階級闘争の年だった。多くのばい菌が表面に現れた」。

そして訴えた。「あらゆる方角から、裏切り者どもの活動が続いている」[19]。

これではとても、党を公表し、四ヵ年計画も発表して、敵に手の内を明かして浮かれている場合ではなかったのだ。だから辞任騒ぎも、敵の意表をついてうろたえさせ、何らかの行動をとらせて表面に浮かび上がらせる戦術だった、と思われる。

ポル・ポト首相復帰は、辞任発表一ヵ月後の一〇月下旬に発表された。

また、この七六年九月から一〇月にかけて、創立年論争というのも起きた。九月末に、党の青少年向け機関誌『革命青年』が、党創立は一九五一年だとする記事を掲載した。すると、一〇月にすぐ党機関誌の『トゥン・パデワット（革命旗）』がそれを否定し、党創立は一九六〇年だとする論文を載せた。一九五一年とすると、ベトナムに指導されたことを認め、ポル・ポト以前の党を認めることだから、自主独立を重視する立場からは受け入れられない。ポル・ポトからみれば、『革命青年』の記事も、浮かび上がった内部の敵だった。ポル・ポトのかくれんぼは、この時期、革命政権にとってまさに一つの危機が到来したと、彼らが考えた結果だった。それからの二年あまり、ポル・ポト政権の辞書には「粛清」と「対ベトナム戦」の二つの語、もしくはそれに「虐殺継続」を加えた三つの語しかなくなった。わき目もふらず血にまみれていった。

ポル・ポトがどんな生活をしていたのか、ほとんど明らかになっていない。ごくわずか、たとえば

1977年10月、平壌郊外の金日成主席旧居、万景台を訪問したポル・ポト一行（朝鮮通信）

デービッド・チャンドラーが、匿名希望の情報筋を引いて、未確認情報を伝えている程度だ。それによると、ポル・ポトの主な住居は首都の独立記念塔の近くにある高い塀に囲まれた邸宅だった。夜中まで書類と格闘して働いていた。運転手、警備員、機械工、タイピスト、料理人らがいて、その多くは山岳少数民族の出身だった。停電が起きたとき、維持管理要員らが処刑された。ポル・ポトはいつも暗殺を恐れ、料理人たちが自分を毒殺しようとしていると疑っていたという[20]。

ようやく党を公表する

ポル・ポトは臆病な人間だったのだろう。自分と革命を敵から守るという脅迫観念にとりつかれていたら、とにかく秘密が一番だ。

七七年九月末、一年延ばしになった共産党の公表が行われた。ただし、国内ではポル・ポト演説の録音テープが放送されただけである。演説は、一九六〇年以来の党の歴史とみずからの考えとを、延々五時間も説明していた。

五時間の演説とはすごいが、ポル・ポトは独裁者らしく、演説や話はだいたい長くなったようだ。政権の終盤、ベトナムとの対決が厳しい状態になる中で、ポル・ポト政権はここでも中国からの助言を入れて、諸外国からの代表団を招くなど「開放」政策を取り入れ、七八年一二月には初めて米国人ジャーナリストらを招いて会見した。そのジャーナリストの一人、エリザベス・ベッカーによれば、会見ではポル・ポトが、ベトナムの侵略の歴史など自分の言いたいことだけ一時間も独白を続け、最後にようやく質問できることになったが、それにはまともに答えてもらえず、「会見が終わったときは感謝したくなった」ほどだった。だが、彼の微笑と洗練されたマナーには印象付けられたという[21]。

ポル・ポトは、七九年一月五日、ベトナム軍の進撃によるプノンペン陥落の二日前、シアヌーク殿下と約六年ぶりの対面をし、翌六日に中国特別機で国外へ出て国連でカンボジアの立場を訴えてほしいと要請する。この時も楽観的な戦況分析を長々とし、会見は四時間にも及んだが、殿下は柔和で微笑し礼儀正しく話すポル・ポトに感心し、カリスマまで感じてしまう。同席したイエン・サリは、シアヌーク夫妻だけが出発するよう提案し、残りの家族や側近を人質にしようとした。「ポル・ポトが『家族ら全員が出発すべきだ』と、サリ提案を退けてくれたことには感謝しなければならない」と殿下は書いている[22]。

ヌオン・チェアの話は強圧的でおもしろくないが、ポル・ポトの話しぶりは、内容は別として聴く者を魅了することが少なくなかったようである。

ポル・ポトは一般国民に対しては、最後までかくれんぼを続けた。七八年後半のポル・ポト式「開放」で、国内でも学校教育などが部分的に再開され、彼の肖像写真が村の共同体の食堂に掲げられたりするようになったと伝えられている。ツールスレン監獄内で彫像が作られもした。ポル・ポト自身が自分の露出を命令した、という記録は見つからない。外国や下からの助言を受け入れたのかもしれない。だが、その程度で時間切れとなった。国中に何千もの銅像や記念碑を建て、個人崇拝に走る独裁者もいるが、ポル・ポトはそうはならなかった。どだい、マジック・ミラーの反対側で、（相手からは）見つめられるが（こちらからは）見つめられない状態は、ポル・ポトの性向には合わなかった。

第四章
革命の正体

プノンペン市内のツールスレン監獄跡　庭先に残る絞首刑用の綱（1979年撮影）

1　粛清、粛清、粛清

ツールスレン

一九七六年四月、ポル・ポト政権の治安警察S21が首都南部のツールスレンに本拠を移し、そこを尋問・拷問・虐殺センターとした。

そこは、同政権崩壊後ベトナムと新プノンペン政権の手で「大量虐殺犯罪博物館」とされ、八〇年から一般公開された。私は八一年に初めて訪れたが、ごく普通の路地に沿った元高校校舎だから、外見からはこれぞ監獄という恐ろしい感じはない。だが塀の内側はショックの連続だった。処刑の一部は構内でも行なわれたから、まだ死臭が漂っていた。犠牲者の骸骨を国土の形に積み上げ、大骸骨地図ができていた。これは新政権による少々悪趣味な展示だったが、錆びた鉄のベッド、手枷足枷、拷問用具、レンガを無骨に積んだ急造仕切りの独房、囚人たちが死の直前に書かされた大量の供述書の山、殺された直後の死体の写真、拷問の様子を克明に描いた素朴な絵、囚人たちの絶望的な表情の顔写真、十代の少年少女も多数混じった監獄の職員や食糧係の屈託のない顔写真。どれにも死臭がこびりついていた。日曜日には、一〇〇〇人もの見学者が押しかけ、特に囚人の顔写真を懸命に見て回っていた。行方不明の肉親や友人の顔が並んでいないか、恐る恐るチェックしていた。その後もここに数回来たが、二〇〇二年にはもう閑散とし、みやげ物売りの姿ばかり目立っていた。構内は緑の草木が目に鮮やか。ポル・ポト時代も遠くなっていた。

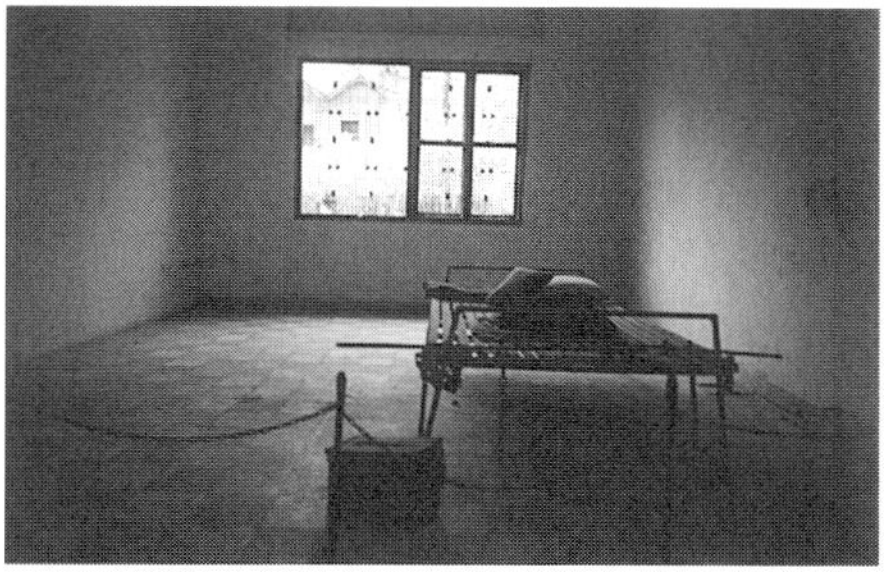

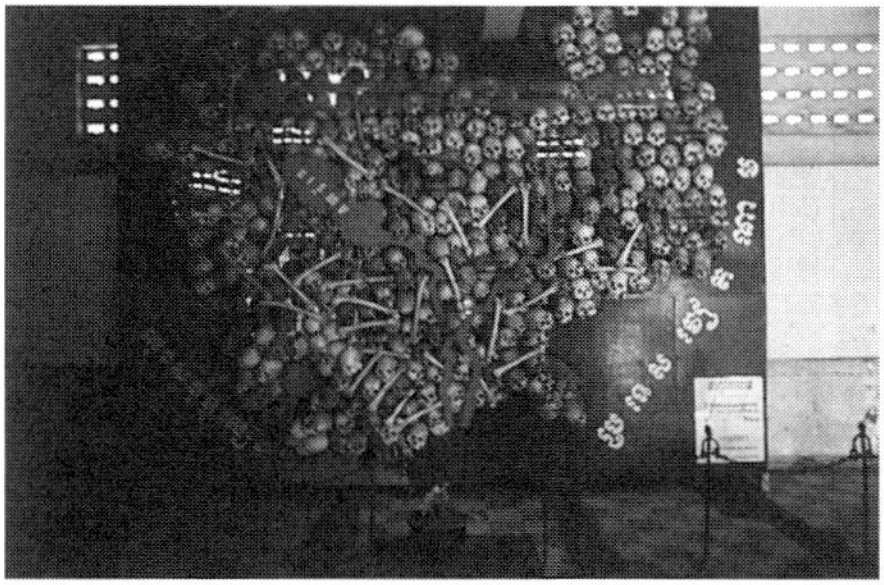

ツールスレンの悪夢
上：１万４０００人以上が殺された
左上：拷問用具の残る部屋
左中：骸骨を並べて作ったカンボジア地図（後に撤去された）
左下：ポル・ポトの胸像には、「×」印のいたずら書きがされたまま

重要囚人第一号

ツールスレンの最初の大物囚人は、七六年五月一九日に逮捕された軍参謀次長のチャン・チャクレイである。七六年前半ごろまでの粛清は、旧政権の軍人や役人が主対象だった。もともと組織外の敵を尋問もせず殺すのだから、粛清というより処刑、虐殺だ。大物の粛清は、フー・ユオンに次ぎチャクレイが二人目だった。彼が実際に何をしたのか明確ではない。ポル・ポト政権の粛清理由で、明確なものなどわずかなのだ。しかし七六年四月を中心に、いくつかの出来事が発生したのは事実のようだ。

一つは、四月二日未明、プノンペンの王宮近くで手投げ弾が爆発し、国立博物館の付近で銃撃があったという事件。博物館はポル・ポトたち首脳がひっそり住んでいた住いにも近かった。まもなく、手投げ弾を投げた兵士、命じた中隊長ら、その上の大隊長といった具合に逮捕されていく。チャクレイが政治委員を務めていた第一七〇師団の隊である。彼らの自白から、チャクレイがシアヌークの暗殺をねらった、ということになった。

二つ目は、四月一五日、内戦勝利一周年記念祝賀集会でポル・ポトを殺そうとしたという話である。これも逮捕者の自白だけだ。ただ不思議なことに、この日夕方のプノンペン放送は、集会でのポル・ポト演説を伝えず、その後のキュー・サムファン演説だけを放送した。ポル・ポトが演説中に何か不測のできごとがあった可能性を示唆している。

三つ目は、翌七七年にタイに脱出した党員が米当局者に語った話で、チャクレイがポル・ポト毒殺を企てたというもの。料理人を仲間に引き込んで毒を盛ったが、護衛兵が試食し即死亡してしまったため、失敗したという[1]。地下闘争時代から、ポル・ポトはこの面でも注意を怠らなかった。

ほかに四つ目として、プノンペンから川を隔てたチュバルアンプーにある第一七〇師団の基地で、ポル・ポト司令部砲撃用の大砲が設置されていた、との話もある。どこまで事実か分からないが、彼は明らかにポル・ポトから狙われていた。ベン・キアナンによると、七五年一〇月の党常任委員会で、ポル・ポトはチャクレイを名指しし、問題にしている。

「東部地域第一師団（チャクレイが師団長だった）は、最強だが兵士の政治教育が進んでいない。彼自身新参者で、ベトナムのおかげで地位を得た。彼が裏切り者か見きわめるため、言動に注意を払わなければならない」。

これはほとんどレッド・カードだった。そして、東部第一師団を中央の第一七〇師団に編成替えし、チャクレイを軍参謀次長にして、中央の監視しやすいところに置いたのである[2]。

チャクレイは三三歳で元僧侶。民衆の苦難をなんとかしなければ、との思いは強かったといわれる。またフー・ニムの供述書によると、チャクレイは「いつも頭に血がのぼっている激しい男で、誇り高く、ほら吹き」だった。「自分は迷ったりしない、機会がきたらいつでも党を攻撃する」と、フー・ニムに打ち明けたという。

供述書とは、S21当局が少しでもそれが必要だと考えた囚人たちに書かせたものだ。約四三〇〇人分が残っており、一九九一年から米コーネル大学が、二年がかりですべてをマイクロフィルムに収めた。一頁の簡単なものもあれば、数百頁にのぼる大作もある。とくに重要な囚人は長期間、何回も何回も書かされている。大半が拷問を受けて、政権指導部と監獄当局の気に入るように書かされているから、陰謀や裏切り行為を自白している部分も、真実とかけ離れたものが大半のようである。そして、どんな供述をしようと、結果は一つ、死だけだった。

とにかくフー・ニムの供述書で見る限り、ツールスレンの大物第一号のチャクレイもフー・ユオンに似たカドの多い熱血漢だったようだ。

芋づる式に逮捕される高級幹部

だが、その熱血漢は四ヵ月もの尋問・拷問を受け、「CIA（米国中央情報局）とベトナムとソ連のスパイ・ネットワークに属している」と供述した。この三つが協力するというのは荒唐無稽だが、これこそポル・ポトら指導部の意にもっとも沿ったモデル供述だった。彼はシアヌークやポル・ポトの生命をねらったことを自白、「共謀者」たちの名前を挙げて殺されていった。

チャクレイに名を挙げられた東部地域第二四区書記のチューク（スアス・ネウ）、東部地域軍政治委員のリ・ペンらは、七月から八月にかけ逮捕された。チュークは東部地域書記であり、党政治局で序列五位の実力者ソー・ピムの腹心である。ソー・ピムは、一九五〇年代からベトナム共産勢力と関係が深く、住民、特に新人民に対して比較的穏健な政策をとったり、兵士たちに黒色以外の野戦服着用を許したりして党の政策に逆らっていたので、かなり前から、党中央から強い疑いの目で見られていた。その腹心をツールスレンに連行して拷問にかけ、さらに裏切り者たちの名を白状させた。

チュークは結局、ソー・ピムをはじめ、北東部地域書記のネイ・サラン、党中央委員のケオ・メアス、農業委員長（農相）のノン・スオンら党の高級幹部の名を並べた。

そこで、九月のネイ・サラン、ケオ・メアス、一一月のノン・スオンと、芋づる式の逮捕となった。皆旧世代の親ベトナム共産主義の大ベテラン活動家である。一九六〇年代にはノン・スオンは投獄されていたが、ほかの二人は秘密基地「第一〇〇局」で、二年ほどポル・ポトと暮らした。ケオ・メアスは、一緒にベトナム、中国旅行もした。その後北ベトナムに駐在し、七五年に帰国したばかりである。ベトナムの手先というレッテルを貼るにはピッタリだし、ポル・ポト以前の党を全否定したい指導部には、格好の標的だった。

彼らは共産党に敵対する「カンボジア労働者党」を結成した、という大裏切り行動の嫌疑をかけられた。この嫌疑は捏造されたものかもしれないが、とにかくこの七六年九月以後、ポル・ポトたちは粛清の偏執病にとりつかれ、粛清のギアをトップに入れた。

S21所長

ポル・ポト政権の恐怖のシンボルS21所長ドッチ

S21の供述書は、デービッド・チャンドラーがくわしく調査している。それによるとこの三人の供述書には、S21の所長カン・ケク・イウ（ドッチ）から囚人への脅し文書、尋問係への指示書、尋問係から所長への報告書などが付属文書として含まれている。

S21の組織をみると、党中央の公安最高責任者は副首相兼国防相のソン・センだが、党組織を掌握するヌオン・チェアも粛清の元締めとして密接に関わっている。ポル・ポトもその上で目を光らせている。そうした「上部の兄たち」の指示を受けながら、ツールスレンを直接運営していたのがドッチである。

ドッチはこのころ三十代半ば。もともと学校の成績抜群の勉強一筋少年だったが、高校の数学教師になった後、共産主義にひきつけられた。内戦時代、首都の北の「解放区」の公安を担当し、すでに収容所長をしていた。フランス人の仏教研究家、フランソワ・ビゾーがそこで共産ゲリラの捕虜となり、約二ヵ月間ドッチの尋問を受けた後釈放された。ビゾーによると、ドッチは後のツールスレンのための練習のように、『組織』の命令を忠実に実行し、少年衛兵たちを使い、囚人に供述書を書かせ、囚人を息切れするほど殴り、森の中での処刑を命じていた[3]。

ツールスレンでも、元数学教師らしい緻密《ちみつ》さで、囚人にも部下にも厳しい所長だった。

供述書より

供述書からは、本当に救いがない状況と雰囲気が伝わってくる。救いがないのは、まず彼らの懸命だが絶望的な無実の訴えだ。かつてポル・ポトと親しかったと思うから、ケオ・メアスなどは当時ポル・ポトが使っていた変名「プーク」をわざわざ用いて何通も手紙を書き、思い出話を交えて懸命に友情の火を再点火させようと努めている。「もしプーク同志が許してくれないなら、私の行く手には死があるのみです」。しかし、そんな命がけの手紙もポル・ポトには届けられなかった。

次に凄惨な拷問である。ネイ・サランの供述書にはこんな記述もある。「私は、九月二八日以後、ひどい拷問を受けた後で尋問に答えた。そのことを明らかにしておきたい」。ドッチはその箇所を横線で消し「あんたたちにはこうしたことを組織に報告する権利はない」とのメモをつけている。だが、ネイ・サランはまた挑戦的に書いた。「私に答えを強制したいなら、拷問するがいい」。その後でドッチは尋問係に「組織は、この男にこれ以上われわれとのゲームを続けさせてはならないと決定した」とのメモを下ろした。

結局、ネイ・サランには二週間あまり、籐のムチと電線による拷問が繰り返された。ケオ・メアスも中途までは、「党創立記念日はあくまでも一九五一年であり、（ポル・ポトらのいう）一九六〇年ではない」と主張するなど、頑張っていた。だが、結局は――「私は内部から穴を開けるシロアリでした」。彼らはこう書かされた。そして身に覚えのない「裏切り行為」を白状し、「陰謀ネットワークの仲間」なるものの名前を挙げて、次の粛清犠牲者をまきこみ、人間の尊厳をズタズタにされ、殺された[4]。

ツールスレンの山のような供述書は、人間の弱さの証明書でもあった。

外交官もインテリも赤ちゃんも

第一七〇師団関係者では、一一月までに二〇〇人以上がツールスレン送りとなった。年末には、駐ベトナム大使だったシエン・アンはじめ、ベトナムやソ連との関係を疑われた数人の外交官が網にかけられた。「協議のため」と呼び戻されて即逮捕である。イエン・サリは後に「自分は外交担当だったので、粛清や虐殺には無関係だった」と主張しているが、少なくとも外交官の粛清に無関係のわけがない。

こうして、S21の囚人名簿などによると、七六年にS21に入所した囚人は、一七〇〇～一八〇〇人に達した。明確な数字が出せないのは、囚人名簿に番号の欠落があるためだ。外国留学から「祖国の社会主義建設のために貢献しよう」と張り切って帰国してそのままツールスレン送りになった若者たちもいる。それならば、最初から帰国を許可しなければよいのに、と思いたくなる。

何十人もの囚人の妻や子、母親たちもいて、皆殺された。親と離れ離れの「子どもセンター」にいた子どもをそこから連れてきて殺している。赤ちゃんまで殺している。「家族という旧体制の枠組みを打ち壊す」と唱え、親とはまったく無関係に組織が子どもを革命の闘士に育てていたはずなのに、結局は家族の絆に怯えていたから、囚人の家族を殺したのかもしれない。

七七年一月、党中央委員で北部地域書記から商業相になったコイ・トゥオンがついに逮捕された。ついにというのは、彼は七六年三月から監視対象となり、四月からプノンペンで軟禁されたと言われるからだ。コイ・トゥオンはいろいろな顔を持ち、彼の逮捕にはいろいろな要素がからんでいた。一つの顔は、ブルジョワの教員出身で党のインテリの代表と目されていたこと。翌日に逮捕された公共事業相のトゥチ・プーンも同様だった。これから「インテリ・グループ」が一網打尽にされていく。

だが、実のところ、ポル・ポトをはじめ最高指導部がほとんど元教員ばかりという革命集団である。インテリ粛清などといっても、もうひとつしっくりこない。

ブルジョワというレッテルは、トゥオンの生活ぶりからも貼られたのだろう。内戦時代から、残虐でならす北部地域副書記のケ・ポクとまったく対照的に、戦闘嫌い、女遊び大好き人間として知られていた。トゥオンを知る囚人の供述書には、二〇人にのぼる彼の不倫相手の名前を列挙しているものもある。トゥオンが不倫相手の夫を殺害させたとの話もある。彼の妻も逮捕されたが、供述書の中で夫を「見下げ果てたトゥオン」と呼んでいる[5]。ただし、いくら不実な夫につばをはきかけようと、妻の運命も死に変わりなかった。

七六年初め商業相へと移され監視対象とされたのも、まずはこの女性関係の不行跡が理由だったようだ。だが、七六年二月二五日に北部のシエムリアプ市上空に得体の知れない飛行機が飛来し、二回にわたり爆弾を投下した謎の事件との関連も疑われていた。この事件のほかにも、トゥオンが政権打倒をねらったとの未確認情報がある。彼は農民の生活に理解を示し、通貨や学校や仏教の廃止に反対だったという。ポル・ポト過激政策反対、それもまた一つの顔だった。

ツールスレンのトゥオンはインテリの弱さをさらけだした。拷問・尋問に卑屈に応えて、何でも供述した。「一九六〇年代にCIAの米国人要員から金を受け取って以来、CIAのために働いてきた」という自供は全くのマユツバだとしても、自分の仲間や部下の名前を一〇〇人以上も並べた。こうして面倒見の良いリーダーを信奉していた人たちの運命が暗転した。七七年二月半ば～四月半ば、党中央委員会事務局長のスア・バ・シ、その補佐のプク・チャイ、そして情報宣伝相のフー・ニムをはじめ、一五六六人がツールスレンに送り込まれた。たった二ヵ月の間に、七六年の一年間にほぼ近い人数である。ツールスレンは芋を洗うような盛況となった。

フー・ニムの最期

フー・ニムが逮捕されたのは七七年四月。約三ヵ月間も拘留され、拷問され、長い供述書を書かされた後殺された。トゥオンの供述以前からフー・ニムは微妙な立場に追い込まれていた。シアヌーク回想録が、『組織』から賜ったものを断るとろくなことがない」として、次のような興味深い話を伝えている。——他の指導者たちは、ポル・ポトから割り当てられたベンツを慎んで受け取り、使用していたのに、フー・ニムはベンツを断り、旧ロン・ノル軍の古いジープを乗り回していた。ポル・ポトから見れば、それは危険なデマゴーグ的振る舞いだった。こうした彼の独立独歩ぶりは、いろいろな分野に見られ、そのため「この真摯な共産主義者」は命をとられる羽目になった。

実際、フー・ニムも党の政策とかなり齟齬《そご》をきたしていたのは、確かなようだ。通貨復活、国民生活の改善が必要だ、と考えていたという。ただ、フー・ニムの供述書を読む限り、彼は慎重で、正面から挑戦することは避けていた。七七年一月には党支部組織の自己批判・研究会合で、階級闘争の概念や強制移住を批判し、党に反対だと明言したプロム・サムアルという部下をあっさり見棄てている。サムアルはフー・ニムが理解者と思い頼っていたが、自分に「敵」の烙印を押す集団にフー・ニムが同調したのを見て絶望し、まもなく逮捕直前に自殺してしまう。フー・ニムは、「同調しなければ自分も一緒にやられてしまっただろう」と書いているが、供述書の最後で、党への恭順の意を表している。

「(逮捕されてから)過去一ヵ月半の間に党からたくさんの教育を受けました。私にはカンボジア共産党以外、頼りとするものはありません。……心からの敬意を込めて」[6]。

こうして、内戦中に見せかけの最高指導トリオにされた「三人の亡霊」のうち二人が死んだ。キュー・サムファンだけが「ポル・ポトにとって、おそらくはヌオン・チェアの次に重要な従僕」となって、しぶとく生き残ったのだった[7]。

ポル・ポトの愛弟子たち

七七〜七八年にツールスレンの塀の中に消えた高級幹部はまだまだ多いが、七七年四月に逮捕された軍参謀次長シエト・チェ、七八年も末に粛清された副首相ボン・ベトの二人は、ポル・ポトとのつながりという点で言及しておきたい。共に彼の愛弟子だった。シエト・チェは高校生だった一九五〇年代に、先生のサロト・サル夫妻の手で共産主義運動に引き込まれた。六〇年代半ばには、「第一〇〇局」で、病弱なサルの看病役を務めたという。彼は逮捕直前まで、副首相兼国防相のソン・センの直下で働いていた。

ボン・ベトも、サルの強いひきで、一九五〇年代末ごろから党の重要ポストに進出した。内戦時代、プノンペンの北の解放区では、ソン・センとドッチの上にいた。七六年四月には、経済関係全体を統括する超閣僚の役割を与えられた。ところが、運命は暗転する。ボン・ベトの暗転は、当時バンコクにいた私もわりあい早く察知できた。なにしろプノンペン放送のモニター・チェックを続けていると、パッタリその名前が出なくなったからである。

シエト・チェは必死に、「上部の兄たち」に宛て、助けを求める手紙を書いた。だが、届けてはもらえない。むしろ他の囚人以上に過酷な拷問を受け、さらには「実の娘との性行為をあまさず書き記せ」といったひどい尋問までされたのだった[8]。

逮捕された幹部の中には、粛清された後輩の後見人となった過去の事実を罪状にあげられた者がいる。とすると、シエト・チェやボン・ベトの後見人の責任はどうなるのか。だが、二人の愛弟子を囚人としたポル・ポト自身の責任問題はまったく無視されたままとなった。

S21の虐殺マシーンは、しまいにはその最高責任者ソン・センまで飲み込みかけた。彼はボン・ベトと近かったから嫌疑がかかったのだ。だが、その時ベトナム軍の大侵攻で政権が崩壊した。ベトナム軍にもっとも感謝しなければならないのはソン・センだったかもしれない。

ツールスレンでは、最高級に近い幹部から、地域の幹部、無名の男女、子どもたちまで一万四〇〇〇人以上が殺された、という。蛸《たこ》が自分の足を食い尽くすように、批判的な幹部、疑わしい幹部を殺した。CIAだ、ベトナムの手先だとレッテルをべたべた貼り、ホー・チミンの顔写真をつけたイヌの絵にお辞儀をさせるようなこともしてから殺した。供述前の囚人を拷問で殺してしまうなど、落度のあった監獄職員も、どしどし檻の向こう側に送られた。七七年七月にはたった二日間で、粛清された者の妻子、母親など一八九人を処刑し、「女性と子どもの集中虐殺最高記録」を打ちたてた。結局、国内各地の地方監獄と合わせ、約一〇万人が監獄で殺されたと推計される。

ツールスレンを生きて出たことが分かっているのは、たった七人といわれてきた(最近になって、ほかに連行の後に解放された者が約一〇〇人いることを示す文書もあることがわかった)。ベトナム軍が首都に迫っている中でも、最後の後始末が行われた。まさに恐怖に取りつかれた者たちが恐怖を与える「恐怖政治」のシンボルだった。

2 死の青色マフラー

北西部の大掃除

七六年の半ば、イエン・チリトは、ポル・ポトに言われ北西部地域を視察して回った。この政権にはおよそ「社会福祉」という語句は無縁に思われるが、チリトはそれを担当する閣僚になったばかりだった。彼女は政権崩壊後、エリザベス・ベッカーと会見した時に、こう説明している。

「めちゃめちゃでした。老人、妊婦、赤ん坊に授乳している婦人、小さな子どもは田畑で働かないように、というのが首相の指令だったのに、誰もがひどく暑い日光の中で、水田で働いていた。下痢やマラリアで苦しんでいる病人がいっぱいだった。そこで、私は北西部地域の幹部たちは意図的に党の命令に背いているという報告書を書きましたよ。スパイが私たちの間に入り込んだのです」[9]。

1976年、北西部の地域プロジェクトを視察するイエン・チリト（中央、白いブラウスにスカーフの女性）（Phnom Penh Post／Asiaworksphotos.com）

自分たちの政策が悪いから民衆が死にかけているという反省はなく、すべてスパイのせいとなる。いや、心内で反省があっても、自分が粛清されることを恐れて言い出せなかったのかもしれない。ポル・ポトが実際に老人や妊婦を大事にせよと指令していたら、チリトの視察後、その面の改善がなければならない。だが、改善はないままだ。

そして七七年、北西部地域には、最強硬派タ・モクの下でポル・ポト革命をもっとも忠実に実行していた南西部地域から、様々なレベルの幹部が基幹人民を引き連れて多数押し寄せ、もとからの幹部にとって代わった。タ・モクの大粛清実行軍団による大掃除作戦だった。地区（ダンバン）、郡（スロク）、農業共同体（サハコー＝小郡〈クム〉）、村（プム）の幹部、軍指導者らが次々に粛清された10。ツールスレンの「一九七六〜七八年四月九日に逮捕された重要な罪人」のリストによれば、七七年三月〜同年末だけで、北西部地域の高級幹部が四〇人もツールスレン送りになっている。中級以下の幹部で、地元の監獄に入れられ、またはその場で殺された人たちがこの何倍もいる。北西部地域書記で、東部地域書記ソー・ピムと姻戚関係にある実力者ニム・ロスには、中央はしばらく手を出さなかったが、結局は七八年六月に逮捕した。

脱出者の証言

七七年末にバンコクに赴任した私は、七八年初めからタイ・カンボジア国境で、カンボジア難民の証言の収集に当たった。ほとんどが北西部からの脱出者だった。南西部からの幹部たちに〝占領〟された村々は、食糧は減り、虐殺と病気と労働時間ばかり増えているようだった。

「七七年はコメの収穫はわりあいよかったのに、みんなどこかへ運ばれてしまうので、民衆の不満は増大している。収穫期など朝四時から働かされるが、南西部の幹部が来てから集団食事制度が導入され、もらえるコメの量は一日ミルク缶半分だけだ。人々はバナナの木まで食べている。最近も自分のいた村ではマラリアと飢えで、一日一〇人の割合で死んだよ」（七八年一月末にインタビューした第五地区シソポン郡からの農民）。

「旧ロン・ノル軍兵士狩りもまた激しくなった。自分の村でも、毎日二、三人から、時には二〇～三〇人もの処刑が行われた」（同トゥマルプーオク郡から来た老人）。

「南西部の幹部は来るとすぐ、『前の幹部たちはコメをちゃんと配らなかったのだ』などと言って期待を持たせたが、その後配給量は逆に減った」（第三地区モンコルボレイ郡からの青年）。

新しく到着した難民はすぐに丸坊主にされた　1978年、タイ・タプラヤで筆者撮影

実際、ほかの情報によれば、党中央はコメを集めては武器や物資の輸入を賄うため貯蔵していた。

同年八月末、タイのタプラヤの難民収容所をルポ取材したが、そこで会ったコン・ピーという三八歳のトゥマルプーオク郡の農業共同体長は、監獄から脱出できた幸運な男だった。

「郡には共同体が一五ある。まず自分を含めて六人の共同体長が逮捕され、地方監獄に入れられたが、処刑直前に必死で逃げ出した。ロン・ノル兵士を匿った、ベトナム人を匿った、CIA分子だった、コメを盗んだ——という四つが六人の『罪状』だった。タイに来てから、残り九人の共同体長全員が逮捕されたのを知った。自分の郡では、七七年はコメは一日一人ミルク缶一杯だったが、最近はいよいよ四人で一杯になった。七五年には七万人だった郡の人口が三万人にまで減ってしまった」。

第五地区などは特にマラリアあふれるジャングル地帯だ。そんな中に都市からの新人民を送り込んだから、北西部幹部粛清以前の七六年にもマラリアや栄養失調でばたばた死んだ。それプラス虐殺・処刑である。タコが自分の足を食べながら、残りの足で外敵(ベトナム)と闘っている。これではタコは生きのびられまいとの予感がした。七六〜七八年に北西部地域全体で二〇万人以上が直接、間接死に追いやられたと推計されている。

北西部より少し前、北部地域ではコイ・トゥオン逮捕とともに、七七年初めから粛清の嵐が吹き荒れた。この地域はインテリ書記トゥオンと土着副書記ケ・ポクのライバル関係が長く火花を散らしてきたが、ケ・ポクの支配権が確立され、北部と中部の編成替えなども行われる。その過程で粛清が進められた。シエムリアプ、アンコールを中心とする第一〇六地区でトゥオンが地区書記のソットと計画した反乱が、彼らの逮捕で未遂に終わったとの情報もある。三月にシエムリアプに近いチクレン郡では、実際に数百人規模の民衆蜂起が起きたと伝えられる。武装蜂起というと格好よいが、その武器はせいぜい中世の農民一揆のようなナタやナイフ。あっというまに終わった。党中央が地区の旧幹部一掃のため、蜂起をやらせたとの見方もある。参加農民は皆殺しにされた。下も殺し、上も殺す。七七年二月半ば〜四月半ば、トゥオンの供述などをもとに、北部地域からツールスレン送りになった幹部(文官)は、第一〇六地区を中心に一一二人に達した。

東部の大粛清

反乱といえば、西部地域書記のチュー・チェトも武装蜂起を計画したようだが、七八年三月に逮捕される。だが、民主カンボジアを代表する「地域の大粛清・反乱・虐殺」が起きたのは東部地域だった。何しろ、この地域では七八年だけで合計一〇万とも二五万ともいわれる人々が犠牲になったと推計されているのである。

ポル・ポト時代は、全地域、全地区一斉に同じ基準で、虐殺が行われ、強制労働や集団食事が実施されたわけではない。東部地域は、内戦勝利後しばらく虐殺は少なかったし、コメの配給量は多かった。兵士たちの服もよそと違う戦闘服だ。旧ロン・ノル軍将兵のめったやたらな処刑もなかった。ベトナムへの敵意も中央よりずっと希薄だった。

だいたい、この地域は、ベトナム南部と長い国境線で接し、インドシナ共産党時代から両国の抵抗運動が密接に協力してきたところだ。七〇年からの内戦でもベトナム軍に助けられて、この地域の「解放」が最も早く進んだ。ソー・ピム地域書記は抗仏戦争時代からの古強者。ポル・ポトよりも年上で、六三年の秘密党大会では、サロト・サルとトップの座を争ったりもした。勇猛だが地元の民衆にも人気のあるタイプで、カンボジアとベトナムの間のパイプ役も務めてきた。

だが、ポル・ポトにとっては、カンボジア革命の究極の敵であるベトナムと接する重要な地域に、ベトナムとの関係や共感を有する幹部たちが頑張っていること自体、耐え難い恐怖と疑念の源となった。三段跳びにたとえれば、七六年のチャクレイ、チューク、ネイ・サランの逮捕が粛清の「ホップ」だった。疑念は確信となって、七七年三月ごろからの「ステップ」、そして七八年五月からの大粛清「ジャンプ」へとつながっていく。
第二一地区副書記で、ポル・ポト政権への反乱に参加したウッチ・ブン・チューンは、後にベン・キアナンにこう証言している。

「プノンペンでの逮捕者尋問から、東部地域の小郡委員会以上と軍の全幹部の名前が裏切り者として挙がった。その名簿がソー・ピムに送られてきた。第二〇・二一・二二地区について彼が行動をとるように、というわけだった。私の名も含まれていた。ソー・ピムは熟考した後で言った。『これらの連中は問題ない』。私たちは逮捕されなかったが、ポル・ポトはもうソー・ピムを信用しなくなった」11。

実際には、ソー・ピム自身がすでにチュークの供述などで裏切り者とされていて、信用は大幅に低下していたから、この名簿送付は、最後通達の踏絵だったかもしれない。ポル・ポトは七七年初めから、ソー・ピムを強力に囲い込んでいく。地元で唯一信用できる地域党副書記のチャン（別名セン・ホン）を第二三・二四地区書記にして、粛清の推進役に使う。同時に軍の指揮体制を大きく変更する。プノンペンからこの地域の南部を通ってベトナム南部のホーチミン市（旧サイゴン）に達する一号国道に沿った地区「一号国道戦線」は、ソン・セン国防相の直接指揮下に入れられた。この地域の北部を走る七号国道沿いの地区には、「前線委員会」が設置された。ソー・ピムが委員長になったが、副委員長として中部地域書記のケ・ポクが入ってきた。つまり、東部地域の軍隊を押さえ込みながら、ベトナムに戦いを挑む体制ができあがった。こうして、チャンによる七七年の粛清の「ステップ」

と、ソン・セン、ケ・ポクの主導によるベトナム領武力攻撃が実行された。

七七年九月二四日から三〇日まで、カンボジア軍はベトナムのタイニン省の村々を急襲し、無抵抗の村民一〇〇〇人を虐殺あるいは負傷させた。ベン・キアナンによると、その攻撃から帰ってきた一人の中隊長が自殺した。「革命がこんなことをするなんて、考えたこともなかった」と悲しそうに言い、短い遺書を残していた。よほどひどい光景だったのだろう。死後に遺書を読んだ同僚たちも泣いた、という[12]。

粛清を支えたのは、ここでも南西部書記のタ・モクである。南西部地域の幹部たちが多数投入されて、粛清によるブランクを埋めた。

ソー・ピムの自殺

ソー・ピムは、中央に対して強く異議を唱えたりはしなかった。ただただ消極的だった。彼は病気のため、長期間地域を留守にして、北京に滞在したりしていた。だから、ソン・センやケ・ポク、チャンらの思うままになった。腹心の部下たちを密かに集めて「用心しろ」と言うのが精一杯だった。いや、この部分には、ソー・ピムがポル・ポトに妥協して、部下の幹部たちの粛清を認めたとする異説もある。

七七年一二月、ベトナムは大反撃作戦を実施、大戦車部隊を先頭に国境沿いの各地でカンボジア領内に攻め込んだ。他の地域は激しく抵抗したのに東部地域はあっさり侵攻を許してしまう。それも一つの理由となり、七八年三月から四月にかけ、四〇〇人以上の東部地域幹部がツールスレンに送られてしまった。そして、五月、党中央側は最終的なソー・ピム退治に踏み切る。ケ・ポクはまず、東部地域の軍の幹部数百人を何回にも分けて、「会議のため」招集した。彼らの大半はたちまち捕らえられ、処刑される。その後で、ケ・ポクはソー・ピム自身に会議出席を求める手紙を届けた。ソー・ピムの対応は非常にまずいものだった。何がねらいの会議か調べるため部下を派遣した。彼はたちまち処刑されて戻ってこない。二人目も三人目も派遣しては殺された。四人目には腹心を送ったところ、腹心はツールスレン直行の運命となった。これでは、派遣される部下はかなわない。あまりにも洞察力を欠いていた。

最後に、ケ・ポクの中部地域部隊は水陸両用戦車まで投入して、プレイベンの北東二〇キロの司令部に陣取るソー・ピムの追討作戦のため、七号線を進軍してきた。東部地域の残存部隊が懸命の抵抗を続ける中で、ソー・ピムは「ソン・センとケ・ポクが裏切って、クーデターを起こした」と考えた。ポル・ポトを信じよう、党に歯向かいたくないとの思いが強かった。無線で懸命にポル・ポトを呼び続けたが答えはない。ソー・ピムはポル・ポトに直接話そうと、妻のキロウ、二人の娘、少数の護衛とともにプノンペンに向かった。

メコン河をはさんだプノンペンの対岸まで来て、川向こうに陣取る政府軍司令官宛てに使者を出した。待っていると、中央軍兵士を多数乗せたフェリーが二隻やってくる。この場になってもソー・ピムはポル・ポトからの迎えが来たものと勘違いしたが、思う間もなく狙撃され、ホウホウの体で逃げ出した。結局、彼は六月三日、近くの村で追っ手の迫る中、ピストル自殺を遂げる。妻子は遺体を埋葬しようとしていたところを捕まって虐殺された。自殺の直前、地域軍参謀次長（元東部地域第四師団長）のヘン・サムリンらがかけつけて、生き延びて反撃しようと訴えたが、ソー・ピムはもう戦意も生き延びる意欲も失っていた。「おれはもう駄目だ。君たちは戦ってくれよ」。そう言って自殺したという。革命戦士、地域のボスとして自他ともに認めた実力者も、自分の心の中に深く植え込まれた党の規律にがんじがらめになって、絶望の淵に沈んでしまったのだった[13]。

中央軍が飛行機や戦車、東部軍が戦車を繰り出しての戦闘はなお続いたが、やはり東部軍に勝ち目はない。ヘン・サムリン、ウッチ・ブン・チューン、第二一地区のトボンクムム郡（東部地域の中心で、もっとも激しく抵抗戦を続けた）の幹部のテア・サブンやマト・リー、第二〇地区郡長のチェア・シム、軍幹部のマオ・ポクらがベトナムの支援を仰ぐ。そして、すでに七七年七月にベトナムに脱出していた元連隊司令官フン・センらとも協力して、ポル・ポト政権打倒の旗を揚げることになった。ベトナム領への難民は七八年半ば以後だけで数万人、それ以前からの難民との累計は約五〇万人にも達したという。

死への強制移住

ジャングルや地雷原を越えての逃避行は辛くても、彼らはまだ幸運だった。

残っていた住民の多くは、七月以後、他の地域、特に遠い北西部へ強制移住させられた。それは、ほとんど「虐殺するための移住」だった。ベトナムや東部の反乱勢力から遠いところに引き離した上で、「カンボジア人の肉体とベトナム人の心を持った連中」を根絶やしにしようとしたのである。東部の住民たちは、移住先に落ち着くまもなく殺された。

またベン・キアナンの調査によると、六月から八月にかけて中国から二四二トンもの青色の布が緊急輸入された。そして移住民一人ひとりに青い衣類、とくにクロマー（長いマフラー）が配られた。見慣れない青色マフラーに戸惑いながらも、彼らは珍しい「『組織』からのプレゼント」を喜んだ。

ところが、それは東部からの移住民を一目で見分けられるようにし、虐殺を容易にするためだった[14]。革命組織からの初めてのプレゼントは死装束だったのである。

3 民族の怨念――ベトナムとの戦い

断絶

一九七七年一二月三一日、カンボジアはベトナムとの国交断絶を発表、世界を驚かせた。共産主義兄弟の軋轢《あつれき》がそこまでいくとは予想していなかったから、バンコク特派員となってまもない私は、原稿を書くのが一苦労だった。

七五年の両国の「解放」直後から、国境地帯やシャム湾の島々で武力衝突が発生していた。プノンペン放送は、七七年半ばから、東部の軍民が「外敵」と戦っていることを繰り返し報じていた。バンコクの西側軍事筋に当たると、ベトナム軍六万、カンボジア軍二万五〇〇〇もの大兵力が、戦闘機、ヘリ、戦車を動員して激突しているようだった。キュー・サムファン国家幹部会議長は放送で、「カンボジアを『衛星国』にしようとしている」「ワニのような本性」「ヒトラーの手口」などと、ベトナムを罵った。その後、さんざん聞かされる罵詈雑言の始まりだった。

東南アジア版中ソ対立がとうとう火を噴いた。断交発表は、ベトナム側が場所によって一〇～四〇キロもカンボジア領内に侵攻していた時点だったから、「ベトナム側の侵略」という印象を十分に与えた。そして、ベトナム軍が年明けの七八年一月六日までに自発的に撤退すると、ポル・ポト政権は

「侵略ついに撃退」の大戦果を発表した。

だが、ポル・ポト政権側がよかったのはそこまでだった。ベトナムは外交面で反攻に転じた。二月五日に三項目の和平提案を発表し、世界中で実情を詳しく説明する一斉キャンペーンを展開した。そうなると、半鎖国の民主カンボジアでは太刀打ちできない。ベトナムは国境地帯に初めて外国人記者団を招待し、まずソ連・東欧の新聞が相次いで現地ルポを掲載した[15]。三月には、日本や西側の記者を招いて、ポル・ポト軍の方がいかにひどい侵攻を繰り返しているか、いかに多数の難民が虐殺のカンボジアから脱出して来ているかを取材させた。

実際、七七年初めから繰り返し侵攻してきたのは、ポル・ポト軍の方だった。ポル・ポト軍が侵攻した跡はどこでも地獄絵が残された。女性や子ども、老人を手当たり次第棒で殴り殺し、首をはね腹を裂く。無残な遺体が残る国境の村からの現地報告は、命からがらカンボジアから脱出してきた難民たちが伝える国内残酷ストーリーとともに、ポル・ポト政権の野蛮さを世界に印象づけた。

ベトナムの三項目提案は、

① 両国国境からの相互撤兵
② 会談による国境問題の平和解決
③ 国際監視の実施

という、誰にも文句のつけにくい内容である。ところが、予想通りカンボジア側は拒否した。

ポル・ポト政権にいわせれば、七七年五月にベトナムのホアン・バン・ロイ外務次官が密かにプノンペンを訪れ、「インドシナ人民会議」開催を提案したのも、同七月にベトナム・ラオス友好協力条約が調印されたのも、ベトナムの「インドシナ連邦」「カンボジア、ラオス併合」の黒い野望の現れだった。外務次官はこの時、ベトナム側の協力のしるしとして、「ベトナムに逃げてきた難民の一部の身柄引渡し」を同時提案した。人道的見地からは、なんとも感心できない提案だったが、とにかくカンボジア側はすべて拒否した。

自信過大症

中世のアンコール王朝の輝きが失われた後の弱小カンボジアは、東のベトナム、西のシャム（タイ）からの干渉や侵略に耐え続けた。とりわけベトナムへの反感や怨念は、二〇世紀の指導者にしっかり受け継がれた。シアヌークもロン・ノルもポル・ポトも、その民族の怨念は深く共有した。七八年九月に民主カンボジアが「ベトナムの侵略」を告発するために発表した『黒書』も、一七世紀にベトナムがチャム族のチャンパ王国を最終的に滅ぼし、またカンボジア領だったカンプチア・クロム（ベトナムのメコンデルタ地方）やプレイノコール（その後サイゴンとなる）への侵食を開始した、という歴史事実から書き始めていた。その『黒書』によれば、七五〜七六年にベトナムは繰り返し、カンボジア共産党指導者の暗殺を企てている。しかし、どこまで根拠があるのかはまったく分からない。

ポル・ポト政権とすれば、「インドシナ連邦の野望」を断念させるには、戦いを通じカンボジアの強さをベトナムに思い知らせなければならない。政権内部には、「カンプチア・クロム、プレイノコールを奪い返すのだ」という叫び声も出ていた。ポル・ポト自身、「もっともっと思い切りベトナムの軍民を痛めつけ、土地も多少奪い返して、奴らに目に物見せてやらなければ駄目だ」と考えていたと思われる。

自信過大症にはベトナムもかかっていた。当時ベトナム指導者の言動をフォローし、バンコクを訪れるベトナム当局者と話していると、いつまでも自分たちが世界の中心にいて敬意と関心を集めていると考えているような印象を受けた。それでも、ベトナムの場合は「米国に屈しなかった」と誇っても納得がいくが、カンボジアはあまりにも現実遊離だ。

七八年一月中旬には、ポル・ポト自身、「あの強大な米帝国主義を打ち破ったのだから、ベトナムなど何ほどのこともない」といった演説をしていた。同年五月のプノンペン放送は、

「カンボジア人一人で、ベトナム人を三〇人殺すことができる。五〇〇〇万人のベトナム人すべてを殺すのにも、二〇〇万人の軍人がいれば十分だ。われわれには差し引き六〇〇万人の国民が残る」

といった無茶苦茶な〝引き算理論〟を展開していた。

ポル・ポト版民族浄化

七七年以後、「ベトナムの手先」というレッテルが粛清の最大理由となった。カンボジア国内に在住していたベトナム人は七五年の「解放」以前にすでに何十万と逃げ出している。「解放」直後一五万人前後が追放されたが、それでも残っていた推計一万人ほどのベトナム人の〝退治〟は、七七年にほぼ完了した。カンボジア人の夫自身にベトナム人の妻を殺させるといった超残酷物語も演じられた

ようだ。残っていたら残っていただけ殺し、ナチス・ドイツのユダヤ人撲滅に次ぐ民族浄化ホロコーストの典型となったに違いない。

カンボジア・ナショナリズムの矛先は、ベトナムだけではない。有頂天気分と誇大妄想で膨張したナショナリズムにポル・ポト独特のばい菌論（反革命のばい菌に汚染されたものはあくまで廃棄・根絶しなければならない）が合わさっているのだから、民族浄化に手をつけないわけがなかった。たしかに一九六〇年代のジャングルの秘密闘争時代から、ポル・ポトやイエン・サリは山岳少数民族を自分たちの護衛に使っている。だが、それは少数民族を尊重しているのではなく、あくまで「番犬」として便利だからだった。

スティーブン・ヘッダーなど研究者の調査では、中国人は七五年の時点で四三万人いたが、ポル・ポト時代にその半分が死んだと推計されている。中国はポル・ポト政権の後援者なのに、駐プノンペン大使館もまったく介入できなかった。

少数民族のうちでも最大のチャム族は、ベン・キアナンの調査によれば、七五年にいた二五万人とポル・ポト期間中に生まれた一万人を足した中で、九万人近くが死んだと見られる。ポル・ポト時代の国民全体の推計死亡率はだいたい五分の一だから、それよりずっと高率ということになる。

とりわけチャム族の信仰するイスラム教が目の敵にされ、集団食事で豚肉を食べることを強要されたり、ブタの世話をさせられたり、ここでも陰湿な手段が目立った。『黒書』では、チャンパ王国を侵略したベトナムを非難しながら、そのチャム族の子孫を自分たちは虐殺していた。チャム族が多く住んでいたのは東部のコンポンチャム地方だが、中でもクロチマル郡などでは宗教弾圧に抗して、七五年から暴動が発生、その報復で地域の当局により村人たちが大量虐殺された。東部地域でも大量虐殺はあったのだ。政権崩壊後、「ポル・ポト、イエン・サリ一味を裁く人民革命法廷」に出された調査報告によれば、コンポンチャム州クロストントレンにある五〇〜七〇メートルの深さの谷で、約二万人のチャム人が殺された。手を縛って谷の上にかけた竹ざおの上を歩かせたり、トラックで運んできていきなり谷に投げ込んだ、というのである。

中国には介入を断られた

カンボジアのベトナムとの戦闘について、中国はまず話し合い解決を勧めた。だが、カンボジアは応じず、プノンペン放送でそうした「友人」の圧力への不快感まで表明した。

七八年後半に中国の実力者として完全復活を遂げる鄧小平副首相は、ポル・ポト政権によい感情は持っていない。中国で江青夫人ら文化大革命推進の四人組が頑張っていた時代、サロト・サルらは「劉少奇《りゅうしょうき》（元国家主席）と鄧小平は反革命の総本山」などと批判していたのである。だが、ベトナムは、

「カンボジアの断交発表は、中国の完全な同意を得て行われたものだ。中国が本格的に介入してくる可能性が強まった」

と判断した。そこで、中国と対決する道を選んだ。

その現れが七八年三月下旬に始まったベトナム国内の華僑への弾圧である。南部に残る資本主義の牙城であるホーチミン市の中国人街チョロンが弾圧の最大の標的だった。その結果、ベトナムからは

三〇万人近い華僑が脱出した。その後、鄧小平は外国の指導者や代表団と会見するたびに「二〇〇億ドルも援助したのに、まったく恩知らずだ」などと、ベトナムへの強い憎悪をむき出しにした。

鄧小平はどちらも嫌いだが、ベトナムにインドシナ全域支配を許すことは、中国にとって戦略的に一大マイナスだ。そこで、「対ベトナム紛争に直接介入はせず、ポル・ポト政権の自力闘争に任せるが、最大限の援助・兵器供与を行う」ことを決定したという。

一月に侵攻ベトナム軍が戦略的撤退をした後も、両軍の戦闘は途切れ途切れに続いた。四月には国境沿いに集結しているベトナム軍兵力は、一〇万の大台に達したと伝えられた。五月からのカンボジア東部地域大粛清―反乱は、私たちタイをベースにするウォッチャーには、当時はまったく分からなかったが、六月後半になると、また六万のベトナムの大軍が国境から約五〇キロも侵攻した。

そんな中で、七月末にソン・センが訪中、九月初めにはヌオン・チェアも訪れた。しかし、中国側は温かいホストではなかった。カンボジアはあくまで自助努力で主権と領土を守るべきであり、それにはシアヌーク殿下も含めた広範な統一戦線方式が望ましいとする中国の立場を繰り返し強調しただけだったようである。

ベトナム側は一一月三日、ソ連と友好協力条約に調印、中国との対決へ背後の備えを固めた。その翌々日、汪東興《おうとうこう》共産党副主席を団長とする中国の党・政府代表団がカンボジアを訪れた。ソ連―ベトナム同盟に対抗し、中国のカンボジア支援を誇示することが大きな目的だった。汪東興は公安の責任者だが、康生の部下だった男で、もともとポル・ポト派と親しく、内戦時代に配下の部隊をカンボジアに送り、軍事訓練を施したこともあった。ところが今回、代表団員には軍事専門家はいなかった。首都に二日半滞在した後は、東部国境方面ではなく、アンコール遺跡観光に向かった。

後で分かったことだが、このころになると、さすがのポル・ポトもベトナム軍との最終対決に不安を抱いていた。そこで汪東興に、中国義勇軍の派遣を要請した。だが、断られた。首都陥落もやむを得ないとし、森のゲリラに戻って戦い続けるよう、〝有難い助言〟をもらっただけだった。かつて親しかった汪東興は、「中国は直接介入はしない」ことを告げる無情な役目を負わされて来たのだった。

ポル・ポト政権の外務省幹部の妻で、自分も外務省で翻訳などの仕事をしていたフランス人女性、ローランス・ピック女史の回想録によれば、それは政権にとって大きな驚きと落胆だった。ピックはこの時、歓迎宴でのカンボジア側の演説を翻訳したが、宴直前に夫が駆け込んできた。そして、大急ぎで演説の中の「カンボジアは、必要になれば、中国軍の支援を確実にあてにできる」という部分をタイプし直すよう指示されたという[16]。

民主カンボジアの命運は、この時に決まったといえるかもしれない。

4　子ども兵士

訓練できない

中国は、直接軍事介入は考えなかったが、七八年を通じ、カンボジアに軍事・経済顧問、兵器や弾薬を大量に送り込んだ。首都北西のコンポンチュナンに大軍用飛行場を建設し、首都とカンボジア唯一の外港コンポンソムの間の鉄道工事を行い、ポル・ポト軍兵士に、供与したミグ戦闘機や戦車、大砲の操縦を訓練するなど大忙しだった。バンコクの情報筋によると、七八年一一月初めごろ、コンポンソム港に援助品を積んでくる中国貨物船は週一、二隻の割合にもなっていた。だが、中国は見込み違いの難問に頭を抱えていた。それは、「子ども兵士」の問題だった。

七九年四月、中国の駐カンボジア大使館で援助を担当し、ポル・ポト政権崩壊でタイに脱出した外交官が、タイの新聞にぶちまけた。

「中国は大量の援助をした。ジェット戦闘機六機、爆撃機二機、高速武装艇二隻、哨戒艇四隻、戦車一六両、装甲車三〇〇両、大砲三〇〇門、弾薬三〇〇トン。軍事、農業など各分野で一万五〇〇〇人の援助要員も派遣した。だが、ポル・ポト首相との見解の相違が次第に拡大し、効果が上がらなかった。たとえば、戦車、装甲車を操縦する兵員の訓練を実施するとなって、ポル・ポト首相が送ってきたのは一三歳から一六歳までの、字も読めない子どもたちだった。中国側は訓練実施を拒否し、もっと教育を受けたカンボジア人を訓練したいと申し入れたが、拒否された」[17]。

彼が言及している中国側からの申し入れは、七八年半ばごろ行われ、ポル・ポトはただこう短く答えたと伝えられている。「民主カンボジアの将来を保証するものは『鉄の水牛』などではない。人間の意思の力なのだ」[18]。

実際、七八年末のプノンペン放送は「わが革命軍は近代兵器に加え、毒矢、竹やり、ワナ、火炎びんなどで戦っている」と武器の多様性を誇っていたが、少年兵士たちは近代兵器より毒矢の方によほど向いていた。援助兵器訓練中の死傷者は増えるばかりだった。

大人は信用できない

先に述べた、私の七八年八月末のタプラヤでの難民取材で、もっとも印象的だったのは、西部地域のどこでも一般の住民に対する徴兵などは行われていない、という難民たちの証言だった。東部のベトナム国境の戦場では、カンボジア軍が大きな打撃を受け、西部地域から東部へ兵員がどんどん回されている。西部のバッタンバン地方では兵士の数が前年にくらべ約半分と大幅に減った。そんな状況なのに、徴兵をしない。できないのだった。ポル・ポト政権は毛沢東・中国と同様、物を何も知らないこと、頭の中に旧来の知識や外国からの知識、腐った知識が入っていないことを重視した。

大人は駄目だ。旧ロン・ノル政府支配下にいた『新人民』などとても信用できない、銃など持たせられない。旧人民も役人にはしても徴兵したくない。信じられるのは青少年、とりわけ子どもだけ。となると、もう新兵の有資格者は、平均年令一二〜一三歳——難民たちの話から、ポル・ポト政権のそんな絶望的な状態が浮かび上がった。

実際ベトナム側の発表では、カンボジア軍の戦死者や捕虜の中に少年が目立って増えていた。一方で村には大人の農民も多数残っている。私はこの難民取材ルポの結論部分に、

「ベトナムより兵力も総人口もずっと少ないカンボジアにとって、これ（子どもしか安心して兵士にできないこと）は大きな泣きどころになるに違いない」

と書いた[19]。

子ども兵士は、もちろんポル・ポト政権が元祖ではない。子ども兵士は「使い捨てができ、低コストだから便利」なのだ。さらに、ポル・ポト政権の場合、何よりも「大人は信用できない」という猜疑心が大前提だから、中国の大使館からいくら申し入れされても変更はあり得ない。その挙句戦場では子ども兵士は、百戦練磨のベトナム軍にあっという間に蹴散らされてしまったのだった。

イソップ物語

「子ども獄吏」も政権のシンボルだった。チャンドラーの調査によれば、七六年にツールスレン監獄の職員となり、自己経歴書を提出した者一六六人の内訳をみると、一七歳以下が二〇人、一八歳～二二歳が一〇八人である。だが、七七年半ば以降に集められた看守は、それ以前よりもまたはるかに年少者が多かったという[20]。

実際、私が政権崩壊後の八一年末、ツールスレン監獄跡の大量虐殺博物館を初めて訪れた時、もっともショックを受けたのは、少年看守たちの写真だった。当時は、この博物館はできたばかりで、見学者に囚人の身元の確認や職員の身元の割り出しをさせるねらいもあって、囚人の写真のほかにも膨大な数の顔写真が展示されていた。

投獄された囚人たちは当然ながらほとんど全員、恐怖と不安でゆがんだ顔をしている。怒りの目でカメラの方をにらみつけている者もいる。この監獄の食料部門を担当していた女性労働者たちの写真は、ほぼ無表情だ。看守たちの顔写真も無表情が多い。だが、その中にかなり混じっている少年たちのうち何人かは違う。場違いにも口元に微笑を浮かべていた。まるで「はいチーズ」などと言われて撮った記念写真のような感じだった。

「ああ、この子どもたちはこんなふうに薄ら笑いを浮かべながら囚人の拷問を手伝ったのか、いや自分でも拷問したのだろうか」。

そう思った。この博物館のさまざまな展示品の中でも、これらの微笑写真こそはもっとも寒気を催させるものだった。

少年看守たちの写真（筆者撮影）

子ども獄吏はツールスレン以外にもたくさんいた。地方監獄は全国で一六〇以上もあった。九八年五月、私はプノンペンを訪れ、二ヵ月後に迫った選挙の準備状況を取材するために国家選挙管理委員会に行き、ヌー・カシー副委員長に会った。この時彼が話してくれた地方監獄体験談も、思わず考え込んでしまうものだった。

ヌー・カシーさんは元英語教師。ポル・ポト時代、農村に送られ、「スパイがすぐ後ろにいたのに」英語を口にしたため、CIAの手先とされてバッタンバンの監獄に入れられた。七六年一一月だった。

多くの囚人仲間が殺され、女性や子どもの囚人も拷問を受けて悲鳴をあげていた。ある夜、最終的に他の三七人の囚人全員が連れ出されて殺された。しかし彼だけ助かった。なぜか。その約三週間前から、彼は十代の子ども看守たちに、イソップ物語や動物の話を話して聞かせていた。子ども看守たちは、目を輝かせて聞いた。学校にまったく行っていない子どもたちには、それこそ新鮮で興味深い物語だったろう。彼は「物語名人」として敬意を表されるようになった。だから、囚人全員を殺せとの命令を上から受けた時、彼らは話し合い、「物語名人だけはもったいないから殺さないでおこう」と決めたという。イソップ物語が生死を分ける……そんなたわいもない子どもたちが大勢の囚人の命を握っていたのか、と思った。哀しい喜劇だった。

字の読めない医師

さらに民衆を震え上がらせたのが「子ども医師」「子ども看護士」「子ども薬剤師」だ。ポル・ポト政権になって、西洋の近代的医学や施療法を身につけた、革命以前の医師や薬剤師は腐敗文明の代表選手とされ、逮捕や虐殺の槍玉にあげられた。そうして、毛沢東・中国のやり方を真似た「裸足《はだし》の医者」重視政策が導入された。昔から地方地方に伝わる伝統的な薬、治療法で対処しようというものである。それは何世紀も逆戻りした中世の医療であり、結果的にポル・ポト時代の重大な「大量虐殺の道具」となった。

「医師」になるには一応三～六ヵ月の教育が必要だとされた。だが、一五歳以下でろくに教育を受けていない「医師」も多かった。字も読めない「医師」も珍しくなかった。医師になる資格は、まず政権関係者や旧人民の子弟であることだった。「看護士」「薬剤師」となるとさらに一一～一五歳がずっと多くなった。彼らのいい加減で怪しげな施療による死者は、この時代の病死者の相当部分を占めるだろう。

七九年八月のヘン・サムリン政権の大量虐殺犯罪裁判の記録では、たとえば次のようなひどい施療、人体実験が糾弾されている。

「第四二地区の長、ウルンは七八年一〇月、彼の地区では注射器一本、注射針一本だけで病人を治療していると言った。『膿瘍《しゆよう》患者はいなかった』『消毒にアルコールはいらない』と彼は言っていた。もちろん現実は違った。注射の後、膿瘍が蔓延《まんえん》し、九〇パーセントという空前の率に達した。住民はみな注射を恐れた」「コンポンチャムの病院で、ある『医師』グループが心臓の解剖学研究を行った……右第三肋間を大きく切開し、傷口の両側を押し開けて観察を始める。あわれな患者は即死した。同病院のもう一つのグループは死人の胆嚢《たんのう》と生きている人の胆嚢の比較研究をした。生きている人を柱にくくりつけて、前から後ろへ大きな切り口を作った……『外科医』はその切り口から器官を取り出して死人の胆嚢との比較を行った」。

人体実験の犠牲者は主に新人民だった[21]。

子どもは村民へのスパイにも使われた。近くに子どもしかいないからと油断して、革命への不満をもらしたら、「組織」に通報される。小さな子どもが夜、家の床下に潜ったりまでして、その役を務めた。子どもしか信用できない、大人よりも重大な仕事を任せる。それは断固過去と絶縁しようとした過激な革命、破壊工作を恐れる猜疑心の必然的帰結かもしれない。だが、それは指導者と一般国民の間のあまりに大きい隔絶の印である。「子ども兵士」「子ども××」は、ポル・ポト政権の無残な敗戦と革命の破綻の原因そのものだった。

5 政権崩壊

アンコール観光ツアー

一九七八年一二月二七日、私はカンボジアが世界に誇る大文化遺産、アンコール遺跡を訪れた。七七年末、ベトナムとの対決が表面化する前後から、中国はポル・ポト政権に門戸開放を勧めてきた。普通の国として国外に友人を作らなければ、ベトナムに対抗できない。その結果、カンボジアは次第に活発な招待外交を展開するようになった。七八年七月中旬からの二ヵ月間に、一五組の代表団がカンボジア入りした。八月には日本、インドネシア、スイス三国が外交関係を樹立した。一二月には一一組が訪れた。

アンコール・ワット

そんな中、タイの実業家でその後首相にもなるチャチャイ元外相が、七月に訪タイしたイエン・サリ副首相兼外相に、バンコクからアンコール遺跡にチャーター便を飛ばし、日帰り観光ツアーを組織する企画を提案、OKを得た。その裏には中国の鄧小平副主席直々《じきじき》の勧告があったという。私はそのツアー開始前の試験飛行に招かれたのだった。

参加者は各国の記者や旅行関係者など約三〇人。それを、わざわざプノンペンから駆けつけたカンボジア外務省のソークン副官房長ら高官がシエムリアプ飛行場に出迎えた。副官房長はポル・ポト首相の血縁であり、側近だと伝えられた。つまりはこのアンコール観光プロジェクトにかけるポル・ポト政権の熱意の表れだった。

実は連絡の手違いで、カンボジア側は試験飛行の客は数人のタイ人だけだと思っていた。それが欧米のテレビ・クルーも含めてどやどや降りてきたのでびっくり、外国人の見物に初めは難色を示した。だが、飛行場での約二時間の協議の末結局OKしたのも、プロジェクトをなんとか成功させたいと望んでいたからだろう。外務省の役人たちから臨時飛行場職員、バスガイド嬢二人、要所要所に配置された案内兼見張り役まで、全員が不慣れなスマイル作戦を展開し、懸命にサービスした。

旧シエムリアプ・ホテルでの五品もおかずのついた昼食会で、ソークン副官房長は「観光客にたくさん来てほしい。この地域の治安は絶対大丈夫」と太鼓判を押した。その五日前に後述のような外国人殺害事件が起きていたため、観光バス（「解放」前から残された日本製の古いもの）の中で国営通信の声明文書が配られるなど、懸念払拭に懸命だった。

アンコール・ワットは静寂の中、厳《おごそ》かにそびえていた。聞いていた通り、仏像にも壁にも銃弾の跡が目立ち、首を切られた仏像も少なくなかった。だが、内戦、そして虐殺革命、ベトナムとの紛争で国がボロボロになっている中で、あくまで健在だった。「国敗れてアンコール・ワットあり」。そんな思いにとらわれた。この観光ツアーは数日後の一月一日から営業を開始し、最初は週三回程度だが、一月二〇日以降は連日運行する予定ということだった。すでに日本から五万人分の予約を受けている、と説明された。

しかし、本当のところポル・ポト政権は、とても「日本の団体さん、いらっしゃい、いらっしゃい」と浮かれている場合ではなかった。風雲急を告げていた。

一二月二日、ポル・ポト政権打倒を目指す「カンボジア救国民族統一戦線」が、東部国境地帯で結成された。ハノイ放送で発表された戦線は、ヘン・サムリン議長のほか、チェア・シム、フン・セン、マト・リーらが中央委員となり、仏教徒代表も知識人代表も加わっていた。ベトナムはすでにこの年三月ごろから、ポル・ポトとは武力決着しかないと決意していたとみられるが、この統一戦線結成はベトナムの最終大攻撃態勢完了宣言だった。

二二日、プノンペンで米国人ジャーナリスト二人と訪問中だった英国人マルコム・コールドウェル教授が宿舎で殺害された。ポル・ポトと会見し、明日は北京に出発という深夜のできごとである。犯人は殺され、あるいは逮捕されたが、事件の真相は謎のままだ。コールドウェルは、欧米では数少ないポル・ポト革命支持派だった。同行していたジャーナリストの一人、エリザベス・ベッカーは後にこう書いている。

「ツールスレンに入れられた幹部二人が、コールドウェル殺しを命じられたと供述した。戦争の直前に政権を困らせようとする陰謀のようだった。この陰謀の黒幕として二人の副首相の名前が挙がった。前月の一一月に逮捕され、処刑されたボン・ベトと、ソン・センだった」[22]。

もちろん、事件当時はそんなことは外部にはまったく分からなかった。ソン・センは時間切れで命拾いする。だが、決戦の時をひかえて中枢の副首相二人に粛清の手が伸びる——後から振り返ると、自己粛清政権は敵前ですでにガタガタだったのだ。

そして二五日、ベトナム軍一五万人の大攻撃の火蓋が切られた。総司令官は七五年四月のサイゴン攻略の指揮をとったバン・ティエン・ズン将軍である。バンコクで得られる情報で「東部国境がまた激しく燃え出した」ことは分かった。だが、それがプノンペン陥落をもたらす最終大攻勢になるとは予測できなかった。だから、私のアンコール飛行ルポも「もう一つのカンボジアの表情」「政府高官ニコニコ歓迎」「ポル・ポト政権の門戸開放とツーリスト・アニマル日本人の接点」に力点を集中した平和なものとなった[23]。

ベトナム軍は東からも北東からも北のラオスからも侵攻してきた。子ども兵士の多いポル・ポト軍ではとても抵抗できず、クラチエ、ストントレン、コンポンチャムなどの順で次々に奪われてしまった。一月四日までにベトナム軍はメコン河東岸の七州（旧行政区域）を完全に占領した。初めの計画では、一挙に首都まで攻め落とす予定ではなかったという。だがあまりにも快進撃だったので、そこでプノンペン突入命令が出された。

その間、一月二日にはシアヌーク殿下の拉致または解放を企てたベトナム軍特殊部隊が首都に侵入しようとして阻止され、全員殺されるという激しい幕間ドラマもあった。シアヌークはいよいよラグビーボールのような奪い合いの対象となり、ポル・ポト指導部によってバッタンバン方面へ緊急避難させられた。

首都攻略作戦は一月六日から始まり、翌七日あっけなく完了した。あまりにもベトナム軍の動きが速かったので、ポル・ポト軍兵士の相当数は追い越され、取り残された。民衆の多くも逃げ出す隙がなかった。なにしろポル・ポトは、五日夜、シアヌークを招いて戦況説明を行い、国連での弁論活動を依頼した際も、「現在の軍事情勢は無敵の民主カンボジア軍にとって素晴らしいものだ」と力説した。「ベトナム軍を領内に入れたのはあくまで彼らを罠にかけているのだ。二、三ヵ月後には彼らを全滅させられる」と言って、最後まで極楽トンボぶりを誇示していたのである。

それぞれの脱出

だが、さらに不運な国民も少なくなかった。北西へ逃走するポル・ポト兵に強制同行させられた人人である。その逃走行の途中にも、虐殺は行われた。

シアヌーク一家や駐プノンペン外交官の一部は六日に中国特別機で北京に飛び、ポル・ポトはヘリで、イエン・サリや他の幹部や役人たちは列車で、それぞれ北西部へ脱出した。中国の顧問たちの多くはこれより先、コンポンソムから船で海へ逃れた。ドッチS21所長のように七日の朝まで留まり、最後の瞬間に歩いてどこかへ消えた者もいた。算を乱しての大慌ての脱出ぶりだった。ツールスレンには直前に殺された囚人の死体とともに、膨大な量の文書、とりわけ囚人たちの供述書がそっくり残されていた。首都のポチェントン空港には、ろくに使われる機会のなかったミグ19戦闘機がずらり並んで、ベトナム軍に捕獲されるのを待っていた。北朝鮮が援助し、一二月二七日に引渡し式を終えたばかりのプノンペンの全自動トラクター修理工場も、あっさり持ち主を替えてしまった。

ポル・ポトらは皆、タイ国境のジャングルの中に潜《もぐ》ったが、イエン・サリは一〇日に国境地帯からウパジット・タイ外相に会談を申し入れ、拒否される。「すると次に、北京行きのためタイ領一時通過許可を求めてきたので、これは許可した」と、外相は説明している。それまで、イエン・サリがバンコクに立ち寄ると、タイ側は丁重に迎えていた。政権から引きずりおろされるとすぐ、扱いは冷たくなった。

しかし、この一時通過で、その後のポル・ポト派支援のための中国とタイの連携態勢ができあがった。中国がポル・ポト政権のために行った支援や助言は、新式兵器のように無駄となったものが多かったが、すべてが無駄ではなかった。政権末期の〝門戸開放のススメ〟は、ある程度実を結んだ。中国―ポル・ポト側とすれば、泥縄式にせよ開放政策で日本をはじめ各国の駆け込み国交を獲得したおかげで、この後ベトナム―救国統一戦線側が樹立した新政権との国際綱引きで、ずいぶんと優位に立つことができた。

カンボジア国民には反ベトナム感情が強いが、ベトナムによってポル・ポト革命のくびきから解放され、「助かった」と息をついた国民の方がよほど多かったことは間違いない。それにもかかわらず、ベトナムは国際社会の多数派から「侵略者」という大きなレッテルを貼られてしまう。民主カンボジア外交というより中国外交の成果だった。

一月七日、バンコクでプノンペン陥落の原稿作成に大忙しだった私は、ふと思いついてチャチャイ氏の会社に電話を入れた。予定ではアンコール観光ツアーの四回目の出発日のはずだったが……。返事は「ああ、今朝も出発しましたよ」。

一日から始まったツアー飛行は、結局この日の第四回で終わってしまった。五万人分の予約も、アンコール・ワットにかかる霧のように、あっという間に消え去った。

それにしても、東部で一五万の敵の大攻勢が進行していても、試験飛行客の相手をし、将来の受け入れ発展スケジュールと捕らぬ狸（とくに日本狸）の皮算用を、得々と語ってくれた政府高官。政権崩壊の日も飛ぶチャーター便。トカゲの頭が切られても尻尾が動いているようなポル・ポト政権のバラバラぶりが、このツアーにもよく現れていた。これではベトナムと渡り合えるはずもない。

こうして三年八ヵ月二〇日で、ポル・ポト政権は終わった。

6 虚構の大革命

一五〇万の死者

ポル・ポト政権時代にどれほど多くの人々が死に追いやられたのだろうか。

七八年初めまでカンボジアの悲劇に口を閉じていたベトナムは、七九年以後大雑把に「三〇〇万人虐殺」をポル・ポト派非難の枕言葉とした。ベトナムのおかげで政権についたヘン・サムリン政権も、正確な統計調査は行わなかった。外国人研究者たちは難民や住民にインタビューし、「家族のうち何人が死んだか」を質問し、死亡率を出して推計するほかなかった。私自身は八〇年代前半までに約六〇人に話を聞いただけだが、各種の情報も合わせ、六、七人に一人の割合で死んでいると判断していた。

その後、こうした調査の推計数字の多くは、一五〇万〜二〇〇万人の枠内に入ってきた。たとえばベン・キアナンは、五〇〇人への聞き取りをもとに、「七五年の総人口七八九万人のうち二一・一八パーセント、一六七万一〇〇〇人が死亡」という、細かい数字をはじき出した。スティーブン・ヘッダーは一五〇〇人に尋ね、約一六〇万人死亡と計算している。死亡原因の内訳はだいたい①粛清・処刑・虐殺、②飢え死にや栄養失調による死、③病死——に三等分されるようだ。
ただし、死者総数から多少の引き算をすべきだろう。病死者の多くは、「子どもの施療者」などめちゃくちゃ医療体制や、強制労働による消耗の結果だ。だが、もともとカンボジア人の死亡率はアジアでも最高の部類だったから、どんな政権でも病死者はかなり出ていただろう。その分を差し引いて、結局直接間接の犠牲者は一五〇万人前後とみるのが妥当かもしれない。政権にあった間、毎日約一一〇〇人ずつを死に追いやっていたことになる。

なぜポル・ポトは殺したのか

どうしてこんな革命になってしまったのか。これまで述べてきたことをもとに、六つの理由にまとめてみたい。
第一に指摘したいのは、現実から遊離し、相当な虚構の砂の上に立った誇大妄想の「バブル革命」だったことである。

「一九七三年から七五年まで……わがカンボジア共産党は人民を指導し、米帝国主義者、チュー一味（当時の南ベトナム政権）、ロン・ノル一味、そしてわが領土の併合をねらうベトナム人（北ベトナム、南ベトナム民族解放戦線）との闘争を首尾よく進めた。あれほど残酷だった四つの敵に対し、同時にすべてに勝利を収めたことは、カンボジア史上類のない功績であり、世界でもまれなできごとだ。きわめて輝かしい勝利だった」。

ポル・ポトは七八年九月末、党創立一八周年記念集会でこう演説した。——あの強大な米帝に勝った、集団化を柱とする党の正しい路線の大勝利だった、底辺の人民が本当に権力を握ったのは、過去二〇〇〇年の世界の歴史で初めてだ、ソ連や中国よりも素晴らしい革命だ。彼は実際心の底からこう信じていたようだ。ポル・ポトが内戦期間でも、七三年以後をそれまでと区別して強調しているのは、ベトナム和平パリ協定をカンボジアにも押しつけようとした「米国とベトナムの共謀」を断固はねつけたこと、自分たちこそ米帝国主義の爆撃の「最大の標的」となったが、それを乗り越え、直接介入を断念させたこと、ベトナム軍がカンボジア領から引き上げて行ったこと、「解放区」の一部で集団化を始めたことなどによって、七三年が大転換点であり、それ以後が大勝利だったと力説したいからだろう。

だが、米国はカンボジア共産党に負けたのではない。もうインドシナの泥沼にはまりたくないと、米議会や国民が自縄自縛の形で軍事介入をやめたのである。また『黒書』に、ベトナム人が「ワニ以上に忘恩」とあるのは、自分たちが協力しカンボジア領を使わせたから米国に負けずにすんだのに、その恩を忘れていると言いたいのだろう。だが、七〇〜七二年にロン・ノル軍を叩いて逆転不能の状態に陥れたのは、あくまでベトナム軍だった。自分たちの側こそ忘恩と反論されても仕方ないのである。

第二章で述べたようにロン・ノル一味に勝ったのは、だから半分はベトナムの力で、後はロン・ノル政権自体が腐敗したよれよれ政権だったこと、シアヌーク殿下と「三人の亡霊」を看板に押し立て、共産党を完全に隠し、若者たちを森に引き寄せ、ロン・ノル側軍民の気の緩みを誘った戦略の成功が大きかった。集団化の正しさの証明などではない。チュー一味に勝ったのもベトナム人自身である。カンボジア共産党が多少の協力はしても、カンボジアが勝ったというのは、あまりにも飛躍している。

こうして、実態とかけ離れた虚構の上に立って、歴史に輝く大勝利と思ってしまった。その結果が問題である。「四つの敵」につながる敵が常に自分たちを取り巻き、党に潜り込み、復讐心や妬みもあって革命を破壊しようとしている、との強迫観念ばかりを昂進させた。ポル・ポト革命は、まず「敵」ありき。なんとしてもその敵を潰さなければならないと考えた。同時に、どこよりも優れた「歴史的金字塔」の革命だから、その勢いでどこよりも速く変革しようと、過激な集団化その他の変革を、国民に押しつけたのだ。

家畜以下の人間

第二に、それは「人間不在の革命」だった。

ポル・ポトはとくに政権崩壊後の八〇年代に貧農との一体化を唱えているが、観念論だ。政権時代農民への共感や愛情がほぼゼロに見えた革命を、農民革命とは呼び難い。もちろん人権尊重第一の革命など聞いたことはないが、ポル・ポト革命の指導者たちにとって、国民は人間ではなく、いつでも処分できる家畜に過ぎなかった。S21の所長ドッチは報告書の中で、監獄で飼っていたアヒルと鶏が死んだことを七行にわたって嘆いているのに、拷問で四人一四人が死んだことは、たった二行で済ませていた[24]。

後述するように、ヌオン・チェアは九八年末に人間と動物を同列に置くような発言をしている。新人民たちが言われた「お前たちを死なせても何の損にもならない」という文句から判断すると、国民は家畜以下ということになる。家畜は死なせたら損だからだ。

個人の生命の軽さは、毛沢東革命ゆずりだ。中国では一九五〇年代末から六〇年代にかけ、「大躍進」や「文化大革命」で二〇〇〇万人以上の人命が失われた。だが、中国の場合はなにしろ分母の総人口が大きい。ポル・ポト政権指導者たちがばい菌（敵の家族まで含めて）は絶滅させなければならないとし、八〇〇万人の小国の人口を一〇〇万人に削ってもよいなどと口にする時、それがどれほど国にとって深刻なことかを自覚していた様子はない。こうして、「敵」のほかはほとんど「家畜」だけという革命になってしまったのだ。

借り物革命

第三に、それは借り物の多い「レンタル革命」だった。中国の毛沢東・四人組、ソ連のスターリン、フランス大革命、少々ではあっても仇敵《きゅうてき》ベトナム、北朝鮮などいろいろな革命から影響を受けている。影響の総体を一〇とすれば、中国からは五以上だろう。遅れた農業社会から直ぐ共産主義社会への移行、集団化、農業計画、ダムや水路の建設のための人海労働から、既存の知識への敵視、強制移住、いわゆる「裸足の医者」まで、様々なアイデアと施策を借用している。それもコメの収穫目標数量など、中国とカンボジアの様々な格差や条件の違いを無視して、そのまま直輸入しているものが少なくない。その一因は、ポル・ポトら指導者に行政の能力も経験も欠如していたことだろう。消化不良のまま強引に模倣した経済計画は、間接虐殺につながった。

粛清や処刑のやり方は、主にスターリンやフランス革命からの借り物だ。みずからの革命がこれまでのどこの革命をもしのぐと自惚れているから、借り物の施策も本家をしのいで、より徹底して思い切り激しく実施できるはずだと考えたのかもしれない。

第四の問題は「子ども革命」である。中国の文化大革命で一〇代の紅衛兵が猛威をふるった時、評論家の大宅壮一氏は「ジャリ革命」と形容した。ところが、こちらは文革のように子どもたちを扇動したのではなく、頭に何も入っていない少年少女を指導者が思い切り使用した。子どもたちは一層受動的に使われ、大人よりも重要で、人間の生死の運命を握る仕事を任されることが多かった。知識も判断力もない青少年に、具体的基準も示さずにただ「敵を粉砕せよ」とだけ命じた。子どもたちがブレーキをかけられるわけがない。ポル・ポトらは後に「自分たちはそんなつもりはなかったのに、下部の者たちがやり過ぎてしまった」といった弁明もしている。しかし、責任はあくまで子どもたちを重用し、しかも大雑把な命令を出していた彼らの無責任の方にある。

ゆがんだ自主独立精神の暴走

第五は、「自主独立偏執病革命」だった。第二章に記した地方の大隊司令官の青年、ネト・サルーンを含め、カンボジア人の自主独立にかける強い思いには、感動を覚える。ポル・ポト派の中にも、本当に国民の幸福を思い、また純粋に自主独立を願った人たちがいた。しかし、カンボジア・ナショナリズムに強い力がかかり過ぎ、偏執病的にゆがんでしまうと人種差別、民族浄化へとつながった。

一方、強すぎる自主独立心は、国民に犠牲を強いた。内戦で荒れた国民生活の再建には外国からの援助が絶対必要なのに、それを拒み、中国からの援助物資も倉庫にほったらかしにして腐らせた。援助ではなく対等の貿易だと胸を張るために、特に北西部から住民用のコメを取り上げて輸出に回し、飢餓を引き起こした。

そして最後の第六、「ブレーキのない革命」だった。この政権にはチェック機能がなかった。チェックしようとした者は皆粛清されてしまった。

指導部は一応、集団指導制になってはいた。ポル・ポトはその中のナンバー・ワンで、独裁者とまではいかなかったといわれてきた。しかし、粛清がこれだけ激化すると、粛清の最終決定権を握るナンバー・ワンの力が強化されることは間違いない。七八年七月、イエン・サリがバンコクを訪れた時、タイ側は大使館相互設置を急いでいた。ところが、イエン・サリは「プノンペンに戻って相談してからでないと……」と繰り返すばかりだった。政権ナンバースリーの副首相兼外相なのに、なぜすぐ応えられないのか、私も不思議に思った。結論として、ブレーキがかからない中で権力の維持に懸命になった最高指導者、もしくは最高指導部は暴走してしまうのである。

第五章
ふたたび森のゲリラへ

涙ながらに語る女性　ポル・ポト政権時代に57人の家族のうち55人が殺されたという（1979年撮影）

1 関係国の思惑

ベトナム対中国・タイ

一九七九年一月七日にプノンペンを攻略したベトナム軍に背負われて、救国民族統一戦線は首都入りする。彼らは人民革命評議会という統治機構を作り、一一日にはカンボジア人民共和国の樹立を宣言した。ポル・ポト政権が予想以上に早く潰れたから、大慌ての樹立宣言だ。革命評議会はヘン・サムリン議長、フン・セン外務担当副議長ら元ポル・ポト派と、ペン・ソバン国防担当副議長らベトナムで長期間育てられた共産主義者を中心としていた。なにしろ、高校生から「解放」闘争入りし軍の地方司令官をしていただけのフン・センが外相役を務めるぐらいだから、皆、行政経験などはゼロに近い。

そこで、軍事面で一〇万〜二〇万人（時期により増減）のベトナム軍が駐留し、ポル・ポト派などゲリラ勢力と内戦を戦うだけでなく、新政権（通称ヘン・サムリン政権）のあらゆる部門にベトナム人顧問が入って、行政面を支えた。新政権も社会主義だが、信仰の自由、教育の権利をはじめたくさんの自由を復活させると公約し、新時代到来を思わせた。

一方、中国は、鄧小平が示唆していたベトナム懲罰を実行する。二月一七日から一ヵ月間、中越国境のほぼ全域で中国の大軍がベトナム領内に侵攻した。だが、この侵攻は中国軍の近代化の遅れを暴露しただけで、ベトナム側がたいして懲らしめられることもなく終了した。

カンボジアは、ベトナム、ヘン・サムリン軍とポル・ポト派などの反政府ゲリラ勢力との長い持久戦に突入した。私は、八〇年八月、北部ダンレク山脈のポル・ポト派支配地域を訪れたが、道路脇の目立つところに、届いたばかりの新品の大型無反動砲が大威張りで空をにらんでいた。ソン・セン副首相（彼らは民主カンボジア政府を名乗り続けた）が、「中国からの武器補給は続いている」と胸を張った。こうした兵器は、タイ領を通って搬入された。毎年一〇月ごろからの乾季になると、ベトナム軍はゲリラ掃討大作戦を展開する。しかし、タイ国境まで追い詰めても、ゲリラ部隊はタイ領内に逃げ込んでまた戻ってきた。

　ポル・ポト派部隊に糧食が欠乏しても、タイ領経由で難民救援の国際機関の援助米が手に入る。もう自立独立のスローガンにこだわらない。七九年末国境地帯で、私はポル・ポト軍の補給基地に援助米が大量に貯蔵されているのを目撃した。まず、国境の約六〇〇メートル手前のタイ側のコメの集積所に行った。WFP（世界食糧計画）の表示のついた難民救援用のコメ袋が七〇トン以上も積み上げられている。そのコメの番をしているのはポル・ポト兵だった。そのうち、国境の方から約一〇〇人のポル・ポト軍女性輸送隊が現れた。コメをWFPの袋から自分たちの袋へ移し、一人約二〇キロを頭に乗せて帰って行く。後をつけると、国境のすぐ向こう側に、小屋一〇棟ほどの彼らの補給基地があり、コメは小屋にしまい込まれた。このプノンマライ山地区にはもう民衆はおらず、約一〇〇〇人のポル・ポト兵が頑張っている。七〇トンのコメは約五ヵ月分の糧食になるということだった。

ヘン・サムリン

　ポル・ポト派などの支援のための協力については、七九年一

1980年、筆者が訪れたダンレク山脈のポル・ポト派支配地域
左：山あいの共同畑で農作業に励む婦人たち　右：中国から補給された無反動砲

月から中国─タイ政府間の密約ができた。ASEAN（東南アジア諸国連合）最前線のタイにとって、ベトナムの膨張への懸念は強かった。

国境のゲリラと難民

内戦が激しくなると、カンボジア・タイ国境地帯は一〇〇万人もの難民が押し寄せた。国境の町アランヤプラテートの周辺には、カオイダン、サケオ、ノンチャンなどの難民キャンプが次々に出現した。二〇万人ものキャンプもあり、巨大スラムの感じだった。そんなキャンプをゲリラ各派が根城にする。ポル・ポト派、クメール人民民族解放戦線（ソン・サン元首相派）、シアヌーク派、その他反共の「自由クメール」各派などである。ポル・ポト派部隊は、民衆にゲリラ戦の手伝いをさせ、一緒に移動させていた。

だが、そうした難民ラッシュ取材を通じて、私は「ポル・ポト派はジリ貧になるな」と予感した。ポル・ポト派と一緒にいる難民には、とにかく明るさがなかった。七九年半ばごろまでは、ポル・ポト軍兵士はまだ民衆虐殺を性懲りもなく行っていた。同年四月下旬、ポル・ポト派の部隊と民衆が、ベトナムの追討を逃れて五日間ほどアランヤプラテートの南でタイ側に脱出後また戻って行った。その移動現場を四日後に取材したが、タイ軍兵士たちが目を丸くして話してくれた。

「移動の後、四四人の遺体が見つかった。未発見の遺体がいくつあるか分からない。女性や子どもの遺体も混ざっている。早く歩けと命令されてグズグズしていた男が、目の前で棒で殴り倒された」。

ポル・ポトを先頭に転戦するゲリラ部隊（1979年撮影）

疲れたから動きたくないと言っただけで殺された。夜間小川に水浴びに行った老人が、戻るのに手間取っただけで、ベトナムのスパイと疑われて殺された。

しかし、「他のゲリラ勢力と共同戦線を組んだり、諸外国の協力で国連の議席を守り続けなければならないのに、それでは駄目だ」という中国の強い助言がふたたびあったのだろう。七九年後半から虐殺はやんだ。

だが、マラリアや飢餓もポル・ポト派に同行させられている民衆を襲い、全部で二〇万人も死んだといわれる。ポル・ポト派が支配する難民キャンプでは、難民が外国に移りたいとの希望を表明することも許されなかった。強制によってしか自分たちが泳ぐ〝人民の海〟を確保できない魚の前途は、どうみても苦しかった。

PR

ポル・ポト派は虐殺をやめると同時に、PRにも力を入れた。七九年一二月には、ポル・ポト自身が日本、米国、中国などの報道代表団を招いて記者会見を繰り返し開いた。私自身も八〇、八一年の二回、ポル・ポト派支配地域に招かれ、キュー・サムファン、ソン・セン、イエン・チリトらと会見した。そんな時の彼らはニコニコし、最大限の愛嬌を振りまいていた。ソン・センのニコニコは、本当に優しく上品な高校の先生を思わせ、ツールスレンの直接責任者といった感じなどみじんも与えなかった。

1979年12月、タイ国境沿いの本拠地で日本人記者団に戦況を説明するポル・ポト
右はイエン・サリ

虐殺をやめたとなると、ポル・ポト軍の鉄の規律が、規律の高さとして目立つようになったことも事実だった。特に反共ゲリラ各派には、金欲物欲だけといっただらしない幹部が多かった。最初清潔を売りものにしていたソン・サン派も、次第に勢力を拡大したはよいが、腐敗した自由クメールの指導者たちが入り込んでしまった。「それに比べ、ポル・ポト軍の規律はしっかりしている」と国境地帯のタイ軍司令官がしきりに感心していた。

個人が組織に完全に従属する全体主義のこの「規律の高さ」は、もちろん大いに問題ありだが、それと「愛国心の強さ」は、他の反共ゲリラ各派のだらしなさを見ている者には、一種の爽快感すら感じさせる。ポル・ポト派の美徳を無理やり何か探すとなると、これぐらいだろう。ほかに何か彼らが有益なものを残したかといえば、これも無理やりいって、ダムや水路など灌漑《かんがい》施設の一部だろう。同政権が民衆の汗と涙で作らせた灌漑施設はいい加減なものが多く、もうほとんど使えないが、ほんの少しは使えるものも残っているというからだ。

三派連合

一方、ベトナム、ヘン・サムリン政権側は、七九年八月に「ポル・ポト—イエン・サリ一味の大量虐殺犯罪」を裁く人民革命法廷を開いて、欠席裁判でポル・ポト、イエン・サリの二人に死刑を宣告した。八〇年七月にはツールスレン監獄を大量虐殺犯罪博物館として一般国民に公開するなど、政治宣伝に怠りなかった。その後も毎週のように国中で骸骨をざくざく発掘する。

これに対し、ポル・ポト派を支え続ける中国、ベトナムを押さえ込みたい米国、タイなどASEAN諸国は、ポル・ポト派の手にべっとりついた血を少しでも水で薄めるしかないと、シアヌーク派、ソン・サン派、ポル・ポト派が協力するよう、圧力をかけた。どの派も嫌々だったが、逆らえない。八二年六月に民主カンボジア三派連合政府樹立が決まった。ポル・ポト派の兵力はなかなか正確にはつかめないが、そのころで三万～四万人といわれていた。とにかく他の二派よりは一桁あるいは半桁は多いから、ベトナム軍やヘン・サムリン軍と戦闘を行なうのは、ほとんどがポル・ポト派だった。しかし、八〇年代後半、次第に軍事より政治の闘いの時代になると、相対的地盤沈下は避けられないことになった。

1981年９月、シンガポールでの会談を終えたソン・サンクメール人民民族解放戦線議長（左）、キュー・サムファン（その隣）、シアヌーク（右端）

2　むなしい抵抗

森の奥のポル・ポト

ポル・ポト自身は八〇年からまた完全に姿を消した。記者会見などをしても、旧悪の責任問題ばかり質問される。ＰＲのためにはむしろ戦術的に、自分がまた秘密のベールに包まれた方がよいと判断したに違いない。

七九年末に彼は「首相」をキュー・サムファンに譲った。八一年末には共産党の解党が発表された。八五年半ばには六〇歳という引退年齢に達したからと、「軍事委員長」（軍総司令官）の肩書きも手放し、国防高等研究所長という奇妙な肩書きとなった。八九年半ばにはこの所長のポストも辞任し、ただの研究員となり、カンボジア解放後の将来の国家機関には参加しないと発表した。ヌオン・チェア、タ・モクもこれにならい、八六年に六〇歳になったための退任を表明し、八九年半ばに将来の不参加を発表した。

これらは皆、中国の助言に従ったものだろう。しかし、例によって見せかけに過ぎなかった。ポル・ポトは常に「一番目の兄」だったし、ほかの二人も「二番目」「三番目」で、ポル・ポト派を統率し続けた。現に、後の九一年六月、タイのパタヤで大詰めの和平交渉が行われていた時、ポル・ポトは密かにパタヤのホテルに滞在し、キュー・サムファンらの代表団の黒子として、背後から彼らに指示を与えていた[1]。
八六、八七年ごろポル・ポト重病説が流れたことがある。がんの治療のため北京に行ったと伝えられた。しかし、この重病説も、中国が欧米からのポル・ポト排除圧力をかわすため流した噂にすぎなかった、という。黒子の中国もいろいろ苦労したわけである。ポル・ポトはその間、タイ領の東南端のトラートの近くやカンボジア領内の本拠地に引きこもり、自派の民衆の前にもまったく姿を現さなかった。ただ、軍の上級幹部たちには87というコード番号で知られ、幹部たちへの研修に力を注いだ。その意味では、国防高等研究所長の肩書きもそれほどおかしくはなかった。

1985年、難民キャンプを視察するシアヌーク、ソン・セン、キュー・サムファン（左より）

カリスマの真実

研修会ではポル・ポトは存在感とカリスマ性を十分に発揮した。冷酷で筋が通らないことを言うとして不人気なヌオン・チェアとは、対照的だった。この時期のポル・ポトについて調査した国連機関の専門家、クリストフ・ペシューは、こんな元幹部の声を伝えている。

「セミナーから帰ってくるたびに、ポル・ポトに本当に忠実な気持ちになり、感謝と信頼でいっぱいになった……自分の命を危険にさらしてでも、早く彼の教えを実行に移したくなった」「ポル・ポトは最高だ。ユーモアがあり……ゆるぎない自信を持っていた」。

たとえば八八年に、彼は捕虜を処刑して処罰された幹部のための研修会に出席した。そして、なぜ新たな規範を作り、民衆に害を与える行為を厳禁したかを説明した。

「諸君に殺された人々には家族がある。家族は心の中で恨みを抱くだろう……われわれは過去の失敗のために、国内外で常に非難を受けている。諸君の行動で、諸君はわれわれの敵を増やし、友人を減らしたのだ」2。

やはり八八年の別の研修会で、ポル・ポトは突然出席者にこう質問した。「人民に愛されるためにできることは何か」。師団や旅団の司令官数人が、他派の腐敗ぶりを暴露するとか、自分たちの愛国心を示すことなどを挙げたが、彼は首を振り続けた。その時、後方の席に座っていた一人の大隊司令官が手を挙げた。「われわれ自身を貧困者中の貧困者と同じ立場に置かなければならないと思います」。ポル・ポトは、出席者中のもっともランクの低い者から正解が出てきたので、喜んで叫んだ。「その通り。その通りなんだよ」3。

八六年末、ポル・ポト自身が書いたとみられる研修会のテキストが密かに持ち出され、それを入手したバンコクの米大使館から八八年に公表された。それはこう強調していた。

「われわれがプノンペンで政権についていた間に、勝利と誤りがあった。勝利の方が誤りより大きかった。誤りといえば、底辺にいた人民が初めて国家権力を握ったわけだが、経験不足だった。三年では短すぎて経験を積めなかった。またわれわれは上部も下部もいくらかやり過ぎた。だが、民主カンボジアこそ今もなお世界一完成された高潔な国家だ」。

ポル・ポトが虐殺を反省している証拠は何もない。今は政治闘争の季節だから、暴力は慎もうと言っているだけだ。そして、相変わらず自己陶酔にひたっているのである。

和平に追い込まれる

カンボジアは膠着《こうちゃく》状態が続いたが、八七年一二月にパリ北方で三派連合政権のシアヌーク大統領とプノンペン政権のフン・セン首相が初めて会談してから、歴史のスピードがポル・ポトを追い越すようになる。八八年七月と八九年二月にはジャカルタで、連合政権の三派とプノンペン政権の計四派による非公式協議が行われた。八九年七月には四派と一八ヵ国による第一回パリ和平会議、九〇年六月には日本のイニシアチブによるカンボジア和平に関する東京会議が開かれ、和平に向けての歯車がゆっくりと、だが着実に動き出した。

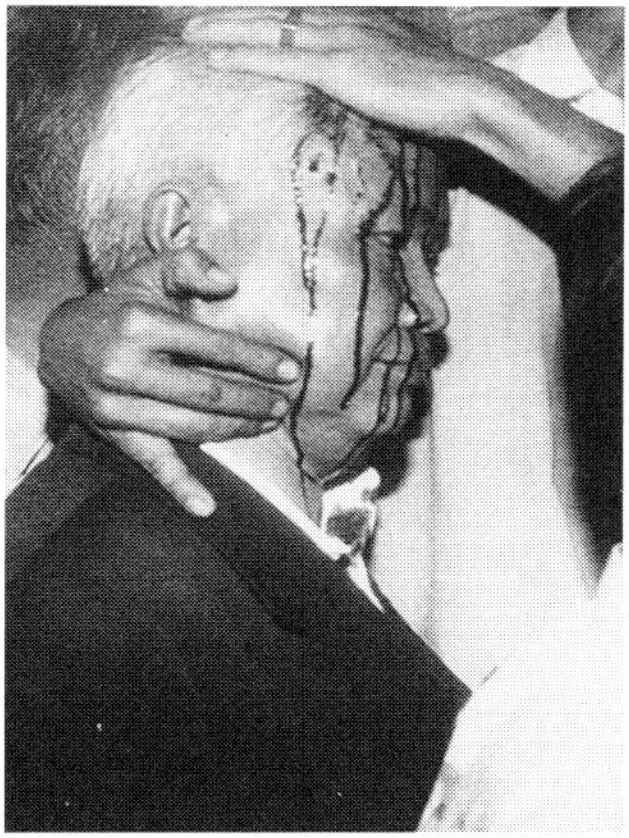
和平協定調印後の1991年11月、プノンペン入りしたキュー・サムファンはポル・ポト派に憤る群集から暴行を受けた

東西冷戦体制は、八九年一一月のベルリンの壁

崩壊から九一年一二月のソ連崩壊までで終結した。ベトナム自身、カンボジアに大量の兵員を駐留させて経済困難の状態を続けるよりは、ドイモイ（刷新）経済改革を目指すことを決断し、八九年九月カンボジアからの撤兵を完了した。米国は九〇年七月にカンボジア政策を転換、ポル・ポト派のカムバック阻止を最重要目標にした。中国も経済の改革・開放を進め、九一年一一月にはベトナムとの関係を正常化した。ポル・ポトは、こうした舞台装置の大変動についていけなかった。事態を把握できず、楽観していたようだった。

和平交渉で、ポル・ポト派はプノンペン政権に代わる四派合同の政権樹立を要求し続けた。農村地帯に十分浸透するまで、和平合意を遅らせようと躍起《やっき》だった。農村の三分の一を支配できたら、政治解決が行われても、いずれその後で力関係を逆転して政権を奪還できると考えていた。だが、そうした希望も空しく、中国をはじめとする外圧に従って、九一年一〇月、カンボジア和平パリ協定調印に追い込まれた。

その後も、ポル・ポト派は協定に定められた武装解除を拒否するなど懸命に抵抗する。協定に基づいて設置された国連カンボジア暫定統治機構（ＵＮＴＡＣ）が九三年五月に実施した総選挙はやはりボイコットした。選挙を前に、停戦違反の襲撃や選挙妨害を繰り返した。だが、選挙直前と投票の間中、ポル・ポト派の妨害は沈静化する。旧シアヌーク派のフンシンペック党（民族統一戦線）党首で、シアヌーク殿下（同年九月に即位して新カンボジア王国の国王となる）の息子のラナリット殿下が、ポル・ポト派に連携プレーを呼びかけたといわれる。選挙で協力してくれれば、選挙後配慮するという話だった。そのため、ポル・ポト派は選挙妨害をやめたが、結局配慮はしてもらえなかった、という。

その後、ポル・ポト派は九四年七月、王国政府に対抗する「暫定国民団結救国政府」の樹立を宣言する。だが、それはもう茶番でしかなかった。王国政府から非合法化され、本当にジリ貧となって王国政府への投降者ばかりがふえていった。

七九年以来の内戦でポル・ポト派が残したもの。それは、タイ国境に近いパイリン地区の鉱山からのルビーとサファイアの採掘や木材売却など年間数百万～一千万ドルにものぼる利権と対人地雷原だった。ポル・ポト個人もスイスに巨額の銀行口座を持っていたと噂された。後述するポル・ポトの後妻が、彼の死後プノンペンで豪勢な生活をしているなどとの噂も流れた。一方、ポル・ポト軍やプノンペン政府軍などが盛んに埋めた地雷は、二〇〇四年現在でもまだ国中に推計四〇〇万個も残り、民衆を傷つけ続けている。

第六章 ポル・ポト派の終わり

1998年12月29日、記者会見で「ソリー」を繰り返すキュー・サムファン（左）とヌオン・チェア

1　謎に包まれた最期

ポル・ポトの死

一九九八年四月一五日、「アジアのヒトラー」とも形容されたポル・ポトが死んだ。推計一五〇万人の国民を死に追いやった虐殺革命の最大の責任者が、ジャングルで死んだ。

前年の九七年六月、カンボジア北西部のジャングルの拠点アンロンベンを中心にほそぼそと抵抗を続けていたポル・ポト派は、政府への帰順交渉を巡って内輪もめを起こした。

首相が二人もいた当時のカンボジア新政権で、ラナリット第一首相が九七年二月からポル・ポト派相手に交渉を始めた。それはフン・セン第二首相との厳しい権力争いの中でのカードだった。交渉は六月に進展し、「ポル・ポト軍を政府軍に編入する」ことで合意に達した。それに対し、翌七月初めフン・セン第二首相が「違法合意の正式調印粉砕」をねらって激烈な武力行使を展開した。一種のクーデターともいわれたこの武力行使の際に、ラナリット派を中心に少なくとも五〇人が殺害されたとされている。

ところが、ジャングル側でも帰順に反対するポル・ポトが、帰順推進派のソン・セン元副首相兼国防相と一族一四人を皆殺しにする事件が起きた。小さな孫まで含めての、いかにもポル・ポト派らしい虐殺である。ポル・ポトはタ・モク元参謀総長も殺すよう命じたが果たせず、逆に実権を握ったタ・モクに逮捕された。そして、七月にアンロンベンの即席人民裁判で終身刑を言い渡され、軟禁されていたのだ。
そのポル・ポトの突然の死だった。老ポル・ポトは心臓を病んでおり、死因は「心臓発作」と伝えられた。ただ奇妙なことに、ふだんもう真っ白だった髪が黒々と染められていた。それについて、

「タイに逃亡する計画だった。変装するため髪を妻に染めさせていた。だが、彼の小屋の近くに政府軍の発射した砲弾が落下したため、ショックで呼吸障害を起こした」

といった情報も伝えられた。しかし、二〇〇二年三月にスラユット・タイ陸軍司令官が、「タイ軍専門家の検死結果によれば、毒殺されたか、服毒自殺したに違いない」と言明した。毒殺というのは、「ポル・ポト派の他の指導者たちが、彼に黙って死んでもらい、すべて彼の責任だったようにしたいと考えたから」という。遺体は、死の翌日あっというまに火葬されてしまったので、ポル・ポトは最後の死因まで謎のままとなった。

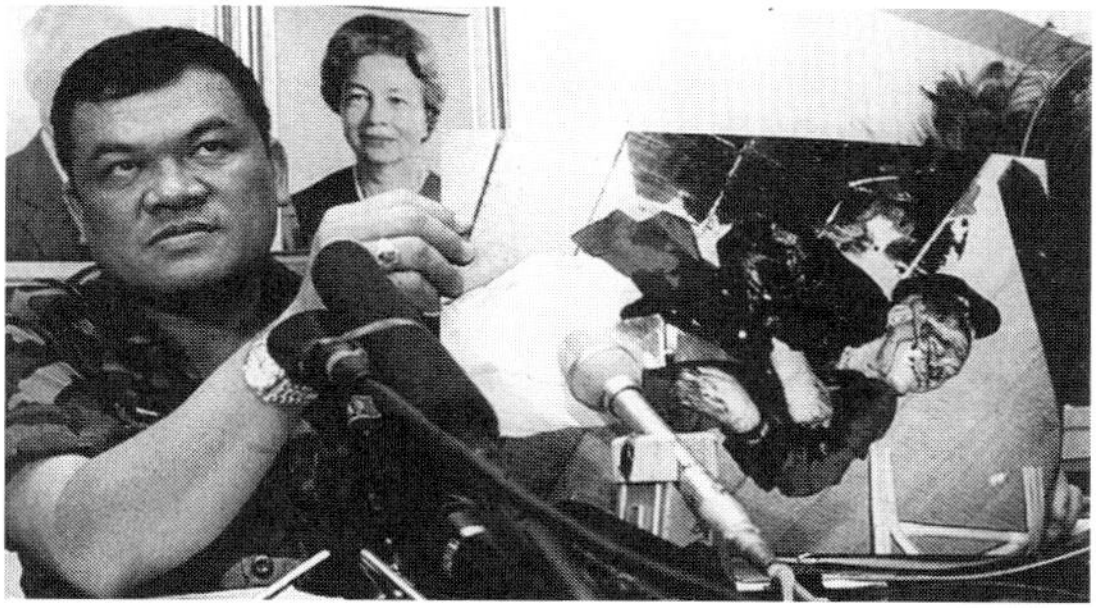
殺害されたソン・セン元副首相の写真を示す政府軍幹部　1997年6月、記者会見の模様

政治ショー裁判

ポル・ポトが本当にタイに逃げる計画を立てたのか、自殺か、他殺か、やはり病死だったのか。まだ明確な証言はない。

1997年７月、アンロンベンで人民裁判にかけられるポル・ポト

だが、その死の背景に浮かんでいるのは、ポル・ポト派を裁く国際裁判の問題だ。

二〇〇三年、国連とカンボジア政府による、ポル・ポト派裁判開催のための交渉がようやくまとまった。しかし、もうずいぶん長い年月と紆《う》余曲《よきょく》折《せつ》があった。関係者、関係国がさんざん政治的思惑をからめてきたためだった。

七九年八月のヘン・サムリン政権下の人民革命法廷は、あくまで裁判もどきだった。ポル・ポトとイエン・サリに対し欠席裁判で、大量虐殺から人民の奴隷化、宗教・民族文化の廃絶まで九項目の罪で死刑を言い渡した。この裁判について、九九年一月、フン・セン首相はオーストラリアの週刊誌とのインタビューで、「あれ以上はできないものだった」と自賛した。

だが、七月一五日に急きょ法廷の設置を布告し、八月一五日に開廷、一八日に求刑、翌一九日に判決という即席裁判だ。たしかに外国から親ベトナム派を中心に約五〇人の法律家、社会活動家、ジャーナリストなどが参加し、最後に外国人法律家が意見を述べたりはした。しかし、「弁護人」が検事と一緒になって被告人を糾弾するような〝政治ショー〟だった。

当時は内戦がスタートし、厳しい政治的・軍事的綱引きが始まっていた。ヘン・サムリン政権としてはとにかく大急ぎで、ポル・ポト政権時代の暗黒政治を非難して、国内外に対してみずからを正当化する必要があった。だから、被告人の絞り方からして政治的なものだった。ポル・ポト政権時代から、序列二番がヌオン・チェアらしいと分かっていた。だが、ベトナムやヘン・サムリン政権は「ポル・ポト—イエン・サリ」と呼び続けた。ヌオン・チェアが外部からは知られざる人物だったのに対し、イエン・サリは外務担当で、ポル・ポト政権時代もある程度、政権崩壊後はさらに、国外にも出て活発に活動していた。だから、国内外にアピールするゲームでは、彼を槍玉にあげる方がずっと効果的と判断したのだろう。

国際裁判への動き

ポル・ポト派をちゃんとした国際裁判にかけようという声は、八〇年代前半から世界の人権運動家の間に出ていたが、八〇年代末になると米議会などでも強まり出した。

米国は九一年の湾岸戦争で、サダム・フセイン・イラク大統領のクウェート侵略を叩き潰した。米国には「世界の警察官」ムードが再燃し、フセインのお相伴をする形で、ポル・ポト派も国際裁判にかけようというキャンペーンになったのである。

九一年一〇月、パリ和平協定が調印されて内戦が終わったが、翌九二年三月、訪米したフン・セン(当時のプノンペン政権の首相)は、「九三年の選挙の結果できる新政権は、ポル・ポトを訴追する権限をもたなければならない」と強調した。彼はこの文言を和平協定の中に含めようとしたという。すでにこの段階から、フン・センはポル・ポト派裁判を、一つのカードとして掲げていたわけだ。

九四年に米国務省は「旧クメール・ルージュ政権のジェノサイド調査局」をワシントンに設立し、大量虐殺の調査・資料収集にあたった。九五年八月にはその調査を受け持つ米エール大学がプノンペンで国際裁判の可能性について専門家会議を開いた。新王国政府のフン・セン第二首相は国民に、ジェノサイド犯罪を示す文書など証拠を持っていたら提供してほしいと呼びかけた。同時にポル・ポト派最高指導部を除き、帰順者には門戸を開放し、国民和解の政策をとる方針も確認した。フン・センは言った。「突き詰めれば、クメール・ルージュも冷戦の犠牲者だ。大国の力によって翻弄されたカンボジア人なのだ」。

二人の首相の争いの中で

九六年になると、ラナリット第一、フン・セン第二首相の政治抗争の一環として、ポル・ポト派を帰順させる競争が始まる。フン・センは八月にイエン・サリの帰順を受け入れた後、シアヌーク国王に働きかけて彼の恩赦を勝ち取った。七九年の自分たちの政権による政治ショーで下された死刑宣告を取り消すマッチポンプだった。ところが、ラナリット側による「強硬派」との交渉には反対したのである。

そんな中でフン・セン武力行使の直前の九七年六月、両首相は連名で国連に、国際法廷設置の協力要請の書簡を送った。二人の首相は、呉越同舟のこの書簡を出しながら、別々の思惑を持っていた。それぞれ相手側の「ポル・ポト派との結託」を押さえ込もうとした。だが、とにかく当事国政府から正式な意思表示が出されたことで、国際裁判開催は現実の問題となった。国連も米政府も、ポル・ポトをはじめとする二〇人ぐらいを「人道に対する罪」の被告人として想定していた。

九八年三月から四月にかけて、カンボジア政府軍の攻撃により最後の拠点アンロンベンが陥落、ポル・ポト派は壊滅寸前になった。そこで、米政府は国際裁判の準備をさらに具体化、活発化させた。

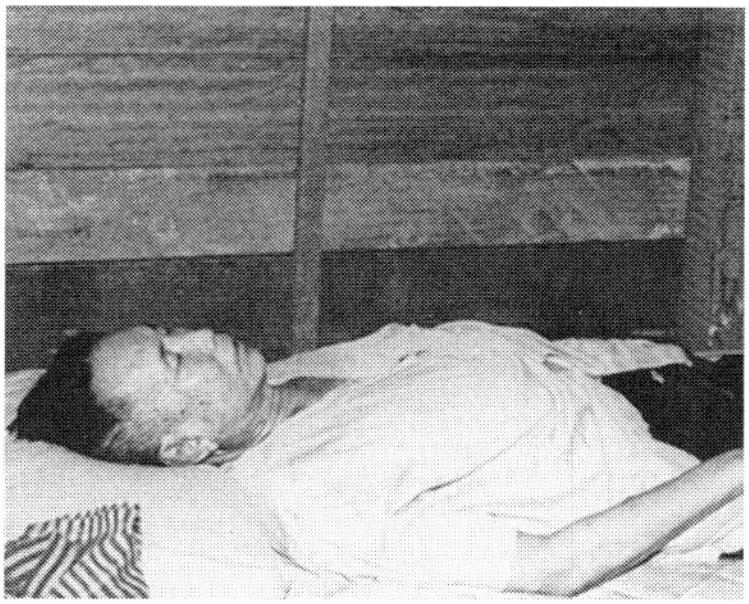

1998年４月15日、ポル・ポト死亡　髪が黒く染められている（左）　火葬される遺体（右）

「ポル・ポトを軟禁しているタ・モクが、彼の身柄を米国に引き渡すことにした。ポル・ポトを差し出すことで自分たちの責任逃れをねらっているのだ」

といった情報も流れた。その時、ポル・ポトが死んだ。

米国務省報道官は記者会見で、「米国は軍輸送機を待機させて、カンボジアから身柄を搬送する作戦計画を立てていたが、この死によって空振りに終わった」と残念そうに語った。ポル・ポトのタイへの逃亡計画とか自殺といった話も、彼が米国への引き渡しをひどく恐れたとすれば、考えられないことではない。タイは七九年以後、中国との連携プレーで自分たちを支援し続け、中国と並んで国際裁判の開催にも消極的だから、米国に引き渡されずに済むだろうと考えたのかもしれない。

2　責任を問う

首相の気持ちのゆれと国王の憂鬱

ところが、国際裁判開催のための国連とカンボジア政府の交渉は難航した。両者は裁判官や検事の人数（カンボジア人と外国人の割合）、二審制か三審制か、そしてなによりも被告人の範囲などの問題で厳しい綱引きを続けた。その裏側にある最大原因は、以前あれだけ強く国際裁判実施を主張していたフン・センの気持ちが大きくゆれたことだった。

九七年の武力行使と九八年の総選挙での勝利により、フン・センを脅かすライバルはいなくなった。ポル・ポト派を押さえ込む必要も、ライバルが「ポル・ポトとの結託カード」を使うのを牽制《けんせい》する必要もなくなった。その一方、フン・センの「門戸開放」政策によって、断末魔のポル・ポト派からの帰順は、幾何級数的に増えた。九七年一月には、イエン・サリとともに帰順した一八人が、集団で政府軍の将軍に任じられた。九八年一二月にはヌオン・チェアとキュー・サムファンが投降した。

フン・センには内政安定こそが最重要課題となった。投降したゲリラ幹部や兵士が、政府軍の内側から反乱を起こしたり、ジャングルに戻って反政府ゲリラ闘争再開ということになっては一大事だ。投降幹部たちも「われわれを裁判にひっぱり出すのはよいが、国内が不安定になるばかりだ」などと発言して、フン・セン首相を牽制した。

九九年以後、フン・センは、

「ヌオン・チェアやイエン・サリらを裁判にかけることは国益にならない」「イエン・サリの帰順がクメール・ルージュ崩壊の引き金になった功績は大きい」「国連が国際裁判に固執するなら、クメール・ルージュの新たな反乱と戦わなければならないから、五〇億ドル分の兵器供与を要求する」

などと、様々な論理を展開した。さらには、

「クメール・ルージュを支援した者も裁判にかけなければならない。一九七〇〜七五年（の内戦時）に死んだ者、七五〜七九年（のポル・ポト政権時）に死んだ者、七九〜九八年（の内戦とその後）に死んだ者は皆同じように正義を求めている」

などとも発言、米国の介入と爆撃なども裁判にかけるべきだと主張した。発言の行間には、もう裁判をやりたくない気持ちがにじみ出ていた。彼自身、元ポル・ポト派だから、やぶへびで返り血を浴びることへの懸念もなくはない。そしてもちろんカンボジア・ナショナリズムもあった。

この間、シアヌーク国王はだいたい国際裁判を支持し続けた。九九年一一月にはこう発言している。

「私も平和を望んでいる。それでもクメール・ルージュは国際裁判にかけられるべきだ。それはわれわれが歴史に対して説明責任を果たす唯一の道である」。

だが……と付け加える。「私は立憲君主で、この問題では何もできない」1。

国王はこの裁判にからんで二つの憂鬱《ゆううつ》も抱えている。

一つは、国王もポル・ポト派と協力し、その政権奪取を手伝った責任があるという非難の声が、少

しだが存在することだ。これには、ポル・ポトが存命中の九七年五月に、「私はポル・ポトと並んで国際法廷に立つ用意がある」と、後悔している様な、開き直った様な発言もしている。もう一つの憂鬱は、首相から強く求められて大嫌いなイエン・サリに心ならずも恩赦を与えたことだ。

逮捕者二人

この間カンボジア当局がしたことは、九九年三月に、帰順せずに頑張っていたタ・モクを逮捕し、同五月に、ツールスレンの元所長で二〇年近くも行方知れずだったカン・ケク・イウ（ドッチ）を拘置した程度である。二〇〇四年の時点でも、二人以外は皆プノンペンやパイリンで自由に暮らしていて、将来どこまで訴追の対象となるのか、まったく分からない。だいたい「将来」と言っても、元ポル・ポト派指導者たちは老齢で、そのうちに次々亡くなり、くしの歯が完全に欠けてしまうだろう。タ・モク、ドッチは裁判開始前に拘留三年延長を二回ずつ行われている。タ・モクなどは長い拘留生活で、身体も弱まる一方のようだ。それには、国連人権高等弁務官事務所から「裁判前に三年も四年も拘置することは国際的人権基準に反する」との批判も出ている。

たしかにタ・モク、ドッチは、ポル・ポト政権の強硬と残虐と恐怖のシンボルだった。そのシンボルを裁判のシンボルにしたら、他の指導者には手をつけなくてもすむのではないか。カンボジア政府は、そう望んでいるようだった（タ・モクは結局、二〇〇六年七月に病死した）。

このような状況をみて、国連は二〇〇二年二月、「カンボジア側にはやる気がみられない」と、いったん交渉打ち切りを宣言した。その後、日本などの斡旋で、二〇〇三年一月から交渉が再開され、三月に国連とカンボジア政府の基本合意にたどり着いた。二人の首相の国連への要請から足掛け六年。特別法廷開催問題がようやくトンネルの出口に達したのだった。

基本合意によれば、特別法廷はカンボジア国内法に基づくが、国連の推薦により外国人裁判官なども参加する。またマラソン裁判となるのを防ぐため、三審制でなく二審制に変更された。訴追にあたって、恩赦を認めないことも合意された。イエン・サリが受けた過去の恩赦の取り扱いは特別法廷が判断することとされ、訴追の道が開かれた。

カンボジアは米国に対しても軟化した。

フン・センが米国なども裁判にかけるべきだと主張していたのは、半分は本心から、半分は戦術としてだったろう。たとえば『カンボジア・0年』のフランソワ・ポンショー神父なども、

「裁判が開かれたらまずキッシンジャー元米大統領補佐官を呼んで、クメール・ルージュを権力の座につける結果を招く過程で、ニクソン大統領と彼が果たした役割について証言させるべきだ」

と賛同していた[2]。だが、二〇〇三年六月、カンボジアは米国の要求を受け入れ、「新設の国際刑事裁判所（戦争犯罪などを裁く）に将来とも米国人を訴追しない」ことに同意した。ポル・ポト派特別裁判はこれとは別だが、「ポル・ポト派裁判でも米国人を訴追しないことにOKしますよ」と態度を変えたといえよう。

被告人は誰

二〇〇三年七月、カンボジアでは総選挙が行われ、新国会となった。その後の長い政争の影響で、実際に裁判がスタートするのはいつか分からないまま、さらに年月を重ねた。裁判の費用は五〇〇〇万ドル以上と見積もられ、国際社会にはその費用捻出の問題もある。被告人の範囲などについてカンボジア政界、旧ポル・ポト派関係者の反応は複雑に分かれたままだ。

総選挙で、パイリン選挙区の議席を争った有力候補者二人の選挙演説にも、それがはっきり現れた。旧ポル・ポト派の牙城のパイリンだけに、二人とも旧ポル・ポト派地方幹部だったが、意見は大きく食い違った。与党人民党のイ・チエン候補は、今はパイリン地域の知事を務める有力者だが、こう強調した。

「過去を忘れなければならない。だが、関係者たちの大半が死んだり、拘留されているから、裁判を開いても大丈夫だ」「ヌオン・チェアやキュー・サムファンらには手をつけない方がいい」。

相当奇妙な裁判支持論である。

これに対し、野党サム・レンシー党から立候補したベン・ダラ候補（タ・モクの姪）は、「タ・モクだけを総代とし、ほかがみな豪勢に暮らしているなんて、公正じゃない」と訴えた。

このように被告人を決めるのは、非常に困難な状況だ。

時間との競争

開始前にさんざん政治に弄ばれたポル・ポト派国際裁判。あるいは、虐殺政権の裁判までがずたずたに〝虐殺〟されてしまうのか。

九九年のタ・モク逮捕直後、カンボジア軍事裁判所はとりあえずベンソン・サマイ弁護士をタ・モクの弁護士に選任した。サマイ弁護士はポル・ポト時代に妻と一二歳の娘を殺されていたが、弁護を引き受けた。ドッチの弁護士にはカル・サブットが任命されたが、彼も親族二〇人以上を殺されていた。こうした人たちが誠実に精一杯弁護人を務めれば、そのこと自体感動的だし、裁判はカンボジア国民がポル・ポト時代を完全に乗り越え、克服した記念碑となるだろう。

だが……九九年に、大量虐殺調査を専門にしているカンボジアの民間活動団体（NGO）『カンボジア記録センター』のヨーク・チャン所長が言ったように、「公正な裁判が行えなかったら、それは何百万の犠牲者たちの魂に対する裏切り」となる。

ただ、少し異なる法律家の意見もある。やはり同じころ、日本・カンボジア法律家協会共同代表だった桜木和代弁護士はこう言った。桜木弁護士は、ポル・ポト時代に壊滅したカンボジア司法の再建のため協力を続けていた。

「この裁判はなお政治駆け引きに相当利用されるだろう。しかし、事実の検証だけはしっかりやってほしい。たとえ被告人が少なくても、背景の事実をきちんと裁判文書として残すことが大事だ。ベースをしっかり出せば、後で歴史が判断できる」。

裁判は時間との競争だ。老齢の旧ポル・ポト派幹部は、一人また一人と世を去っていく。一方、ポル・ポト政権のころ七〇〇万人と言われた国の総人口は二〇〇三年現在、一四〇〇万人にまでふえた。ポル・ポト時代を知らない人口の方がずっと多くなった。

二〇〇三年七月、総選挙の直前、『カンボジア・デイリー』紙の投書欄に、「この国にもヒトラーのように国を愛し、スターリンのように真面目な、立派な指導者が欲しい」という、一五歳の高校生の投書が載った。これを読んで仰天した雑誌編集者からの投書が続いて掲載された。

「今やクメール・ルージュの歴史が学校教育から欠落している。これでは大量虐殺がいつか再発する危険もある。クメール・ルージュ政権時代、全土に一六七の監獄が設けられていた。三四四の虐殺場があり、一万九四四〇ヵ所の集団墓場があった。大量虐殺がこの国にどれだけ大きな苦しみを与えたか、学校で教え、若者たちに理解させなければならない」。

裁判は風化との闘いでもある。

虐殺の責任者

一体、あの虐殺革命の責任者は誰と誰と誰なのだろうか。

ポル・ポトはネト・セイヤー記者のインタビューでもこう繰り返した。

「自分は民衆を殺すためでなく、闘争をしに生まれてきた。われわれが闘争をしたから、カンボジアはベトナムに呑み込まれずにすんだ。そのことに非常に満足している。われわれの運動は間違いも犯したが、そんな間違いは世界中のどんな運動にもある。数百万人が死んだなんて誇張に過ぎない。ベトナムの手先が至るところ潜り込んでいた。われわれは自分の身を守らなければならなかったのだ」。

ツールスレンについても珍妙な説明をした。

「自分はトップの人間で、大きな問題の大きな決定しか行わなかったから、ツールスレンなど聞いたこともなかった。あれはベトナムが作った博物館だ。初めてその名を耳にしたのはVOA放送でだった」[3]。

セイヤー記者はポル・ポトと同時に、最後の権力者となったタ・モクにもインタビューしている。タ・モクは答えた。

「米国は数百万人も死んだというが、実際は数十万人だろう。ポル・ポトが人道に反する罪を犯したのは明らかだ。ツールスレンも、ポル・ポトだけの責任。……彼の手は血にまみれているのだ」。

だが、そういうタ・モク自身、指導部の中でもとくに凶暴冷酷な人物として、ずばり「虐殺者」の異名をとって恐れられていた。「ベトナムと共謀した敵は殺せ」というスローガンを、ポル・ポトとしっかり共有していた。

「ソリー、ソリー」

ポル・ポトの死から八ヵ月経った九八年一二月二九日。プノンペンのホテルで、もうすっかり好々爺《こうこうや》に見える白髪の老人二人が記者会見した。ヌオン・チェアとキュー・サムファンである。隠れた指導者ヌオン・チェアの方は、集まった記者も顔すら分からなかった。二人はその四日前、西部でカンボジア政府軍に投降し、フン・セン首相に会うため、プノンペンに運ばれてきたのである。記者団からはもちろん、「国民の虐殺に責任を感じているか」との質問が浴びせられた。キュー・サムファンは「非常に遺憾に思っている」と答え、片言の英語で「ソリー、ソリー」を繰り返した。しかし、その後で「でも、過去は水に流そう」と付け加えるのを忘れなかった。

ヌオン・チェアは、ぶっきらぼうな調子で、「人命ばかりでなく、内戦で生命を落とした動物たちにも申し訳なかったと思っている」と言った。ところが、である。後日パリ在住の彼の親族が、私に知らせてくれたところでは、彼はその数日後、北西部のバッタンバンに住む家族に会いに出かけた。彼はそこでは家族全員の前で、土下座してポル・ポト政権時代の残虐行為について、申し訳なかったと詫びたという[4]。

表と内とでの態度の違い、一般への態度と家族に対する態度の違いについては、後の章でさらに触れることにしたい。だが、人間と動物の生命を同列に並べることこそ、彼の謝罪と見えるものが誠実な謝罪ときわめてほど遠いことを物語っている。ポル・ポト政権は、人間は虐殺したが、動物については別に意図的に虐殺したわけではない。ここで動物の生命を持ち出すのは、彼らの認識では国民の生命など動物と同程度の価値しかなかったことの証明と言える。同時に、自分たちが取り立てて虐殺をしたわけではない、内戦と革命の時代には、人も動物と同様ある程度死ぬのは仕方ないのだ、と煙幕を張っているのだろう。

政府軍に投降したキュー・サムファン（左）とヌオン・チェア（右）　中央はフン・セン首相（AP/WWP）

ドッチ証言

だが、ヌオン・チェアに対してはその後、彼が重大な責任を負っているとの名指しの告発がいくつも行われた。中でも九九年五月、「ヌオン・チェアこそは、Ｓ２１での虐殺・処刑の最高責任者だった」と証言した者がいる。ドッチだった。ナチスのアウシュビッツとも並び称される尋問センターの所長だった男の行方は、七九年一月以来、ようとして知れなかった。だが、九九年四月になってセイヤー記者に所在を突き止められた。

囚人たちにとって地獄の閻魔《えんま》大王のような恐怖の存在だったドッチ。それがなんと九六年に洗礼を受けて敬虔《けいけん》なクリスチャンになり、タイ国境に近い森の中で、国連や米国の民間救援組織のバックアップを受け、難民救援活動に精を出す〝足長おじさん〟に変身していた。セイヤー記者から延べ四〇時間ものイ

ンタビューを受けて、

「私の罪は、あのころ神でなく共産主義に仕えたことだった。殺戮の過去を大変後悔している」

「裁判で死刑に処されてもかまわない。私の魂はイエスのものだから」

と語る人物に変わっていた。

彼はこの後まもなく逮捕されることになるが、インタビューでこう打ち明けた。

「ポル・ポトは『党内の敵を見つけ出し、党と国を防衛しなければならない』と言い、その仕事をヌオン・チェアに任せた。ポル・ポトが直接殺害を命じたことはない。ヌオン・チェアは残酷でいつも威張っていた」「ヌオン・チェアこそは、殺戮の主役だった」「ボン・ベトらの殺害も、ヌオン・チェアから命令を受けて私自身が手を下した。間違いなく殺したか証拠を見せろと彼が言うものだから、いったん埋めたボン・ベトの死体を掘り出し、写真を撮らなければならなかった」「キュー・サムファンなどは筆記係に過ぎなかった」。

そして結論として、虐殺責任四人組をこう糾弾している。「まず裁判にかけるべきはタ・モクとヌオン・チェア。ポル・ポトとソン・センが生きていたら、彼らもだ」[5]。

イエン・サリは語る

九六年八月に帰順したイエン・サリは、パイリンのルビー採掘の権益を握り優雅な余生を送っている。フン・セン首相の「イエン・サリは裁判にかけたくない」発言に支えられた彼は、その後の会見で余裕綽々《しやくしやく》、裁判が開かれたら「証人」として出てもよいなどと語ったりしていた。帰順直後の九六年九月の記者会見では、『ポル・ポト独裁時代の真実』と題する文書を発表し、自分の責任を回避しながら、次のように責任者五人組を名指しした。

「私は誰も処刑していないし、その指示もしていない。ポル・ポト一人で大小すべての決定を行っていたが、虐殺に関しては、ヌオン・チェアを長とする秘密公安委員会が実権を行使した。国民虐殺の責任はポル・ポトとその取り巻きのヌオン・チェア、ソン・セン、ユン・ヤット(ソン・セン夫人)、タ・モクにある。この五人こそ死刑に値する」。

その後もイエン・サリは、

「自分は外務担当だったから、クメール・ルージュの表の顔になっていた。今思えば、これはポル・ポトの戦術であり、最も目立っていてしかも彼を批判している者に、恐怖政治の全責任を負わせようとしたのかもしれない」「私は国民に自由を与えようとして、何度もポル・ポトと対立した。ポル・ポトは九三年に私を暗殺しようとした」

などと発言した。しかし、本当にポル・ポトと対立していたなら、なぜ九三年より前に粛清されなかったのか不思議だ。

ヘン・サムリン政権首相だったペン・ソバンは九六年に、「イエン・サリは偏執狂的な殺人者であり、ポル・ポトと密接に連携して活動していた」と決めつけている。ポル・ポトやイエン・サリらが大量殺戮を直接指令した文書は、まだ確認されていない。だが、カンボジア記録センターが九八年一一月に国連調査団に提出した報告書がある。ツールスレンの文書や膨大な数の証言をまとめたものだ。報告書は、ポル・ポト、イエン・サリらが個々の拷問や処刑にも関与していたことを、ある程度まで明らかにしている。

タ・モク

責任の逃れ合い

二〇〇一年七月、米アメリカン大学法学部戦争犯罪調査研究室から、ツールスレンの囚人の一〇〇〇〇を越える供述書をもとに「訴追すべき候補者七人」という報告書が発表された。そこではヌオン・チェア、イエン・サリ、キュー・サムファン、タ・モク、ケ・ポク、スー・メット、ミア・ムットという七人が槍玉にあげられている。特に、ヌオン・チェアについては、

「これらの書類からは、彼が（ツールスレンでの粛清に関し）少なくともポル・ポトと同等かそれ以上の重要な役割を演じていたことが分かる」

と主張している。

　このうちスー・メットとミア・ムットは最高指導部の下にいる軍司令官だが、冷酷に粛清を実施したという。ケ・ポクは、かつての共産党の序列で一三番目といわれ、軍副司令官兼中部地域書記。七八年の東部地域の大粛清の実行責任者で、無類の残虐さを発揮した。そのケ・ポクは、九八年三月にカンボジア政府側に投降し、その一年後に政府軍の将軍に任じられた。二〇〇二年二月に病死したが、死の直前、こう言った。

「七〇～七五年のポル・ポトの指導は正しかった。住民の支持を受けた。……国際社会の支持も受けた。だからこそアメリカに打ち勝つことができた」「だが（政権をとった後）ポル・ポトは他の国に負けない発展を目指した。そのために国民の命を犠牲にしたのはポル・ポトだ」。

ケ・ポク（1999年アンロンベンで撮影　井上恭介・藤下超『なぜ同胞を殺したのか』NHK出版）

　結局、「悪いのはポル・ポトだ」[6]。

　二〇〇四年三月、キュー・サムファンの自伝『カンボジアの最近の歴史と私がとってきた立場』が、カンボジア国内で出版され、関心を呼んだ。しかし、これも「私は知らなかった」というばかり。要するに、裁判に備えての自己弁護論だった。

　彼にはフランス人のジャック・ベルジェス弁護士が黒子役としてついている。かつてナチ・ドイツのゲシュタポ（国家秘密警察）の隊長だったクラウス・バルビーや国際テロリストの

〝ジャッカル〟カルロスなどの裁判で活躍した著名なベテラン弁護士だ。その弁護士は、このサムファン自伝にもこんな推薦文を寄せていた。

「サムファン氏はクメール・ルージュの殺人者たちによって、ただ行程の一部を同行する旅人にされたにすぎない。それは、シアヌーク殿下の立場とどう違うというのか」。

粛清の大元締めだったと非難されているヌオン・チェアも含め、この猛烈なシラの切り合い、責任のなすり合い、自己弁護のもつれ合い。ともかく罪を償おうとする気配を見せているのはドッチぐらいで、後は反省など感じられない。一方で、彼らは「カンボジアを解放した運動に参加したことを誇りに思っている」などと胸を張るが、その誇りと信念を貫こうとする様子もない。革命の大義に殉ずるよりも、人生の最後に牢につながれるのを恐がる元革命家の老人たち。ポル・ポト革命とは何だったのだ、と思わずにいられない。

ポル・ポトは本当の責任は感じないまま、墓まで誇りを持っていってしまった。アンロンベンの山奥の小さな墓。政府はそれを史跡として保存し、観光の目玉とする計画を立てた。すでにタイからの観光客が月に数十人程度訪れるようになっているという。

終章
家族の絆と宗教
——革命が越えられなかったもの

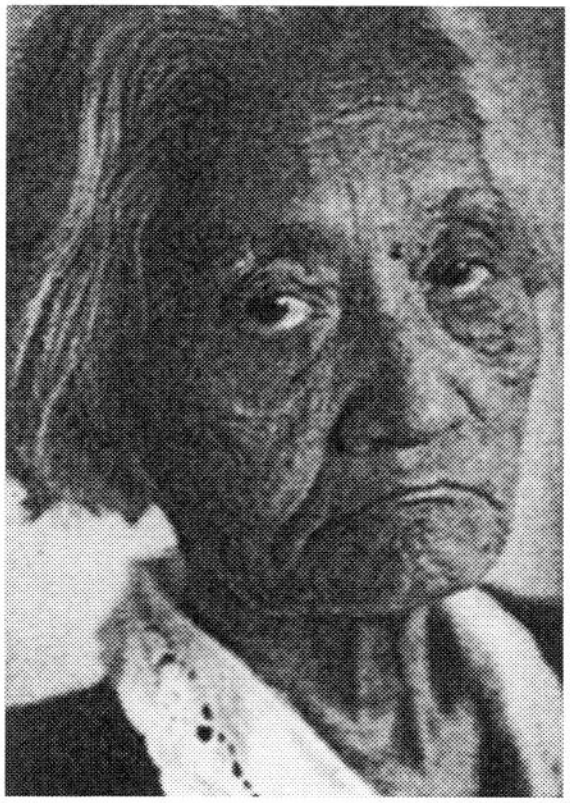
晩年のキュー・ポナリー（1998年ごろ撮影されたもの）

ポナリー夫人

二〇〇三年七月三日、パイリンの町の寺院で、前々日死亡した老女の葬式が行われた。多数の僧侶や知人、友人に加えて地元の児童生徒たちまで動員され、参列者は数百人。長年にわたり精神病を患い、痴呆も進み、生きる屍《しかばね》に近かった八三歳の女性の死にしては、盛大な葬儀だった。その老女とは、ポル・ポトの最初の妻、キュー・ポナリー夫人だった。甥でパイリン地区副知事を務めるイエン・ウットの家で、ひっそりと亡くなったのである。

葬式には、現住地のプノンペンからかけつけた妹イエン・チリトとイエン・サリの夫妻、ヌオン・チェア、キュー・サムファンらが顔をそろえた。かつてポル・ポト革命があれほど仏教を排撃し、寺院を豚小屋に転用までしたにもかかわらず、その革命の母とも呼ばれた女性は、仏教に包まれて成仏した。パイリンで荼毘に付された彼女の遺灰は、その後プノンペンの寺院、ワット・スワイポープに移されることになった。その寺院に、サリ、チリト夫妻は、亡くなった親類縁者の霊を弔う大きな仏塔を建てていた。

チリトは、葬式でこう姉をしのんだ。「人民と国家のために自己を犠牲にした人生でした」。

葬儀の前日、地元記者の質問に答え、ヌオン・チェアもこう追想した。

「猛烈に働いた女性だった。彼女の人生は楽しいこと、面白いことなどまったく無縁だったろう。一九七五年の勝利の日まで、常に婦人問題で夫の仕事を助けていた」。

ポナリー夫人は、夫以上に秘密に包まれた女性だった。内戦とポル・ポト政権の時代に「民主婦人連合会長」という肩書きがついていたが、表面にはほとんど出なかった。この姉妹が、暗黒と虐殺のポル・ポト革命の中で実際にどれほど重要な役割を果たしたのか。正確なところは今もってわからない。ポル・ポト政権時代とその後の内戦再開時代、私たちがタイでカンボジア情勢をウォッチしていると、ポナリー夫人に関しても未確認情報や噂がいくつか入ってきた。姉妹が大きな実権を握っているという情報があった。

「ポナリーは若い時から小さくてやせて、女性的魅力がゼロだった。そのひがみが、ポル・ポト革命の冷酷さにある程度反映されたのではないか」「生まれつき不美人だったため、その鬱憤《うっぷん》が、後年の残酷政治につながった」

といった話も聞いた。

姉妹の情報

チリト夫人には私も二回ほど会った。八一年初め、タイ国境地帯のポル・ポト派支配地域でキュー・サムファン同派首相(当時)と会見した時、彼女が同席していた。頭の回転が鋭く、サムファンやソン・セン(当時同派副首相)よりよほど貫禄があった。身体も顔も丸い女性だった。「あなたは実力者だと言われるが……」と水を向けたが、軽く否定された。お姉さんに会いたいと言ったら、「病気のため無理です」とあっさり断られた。

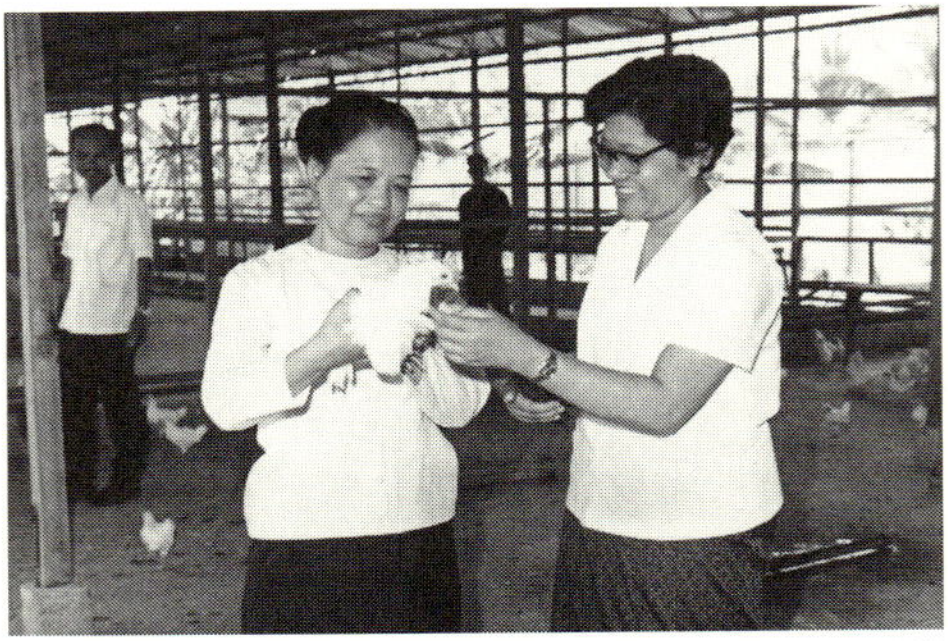

1977年、ラオス代表団を養鶏場に案内したイエン・チリト（右）（Phnom Penh Post／Asiaworksphotos.com）

そこで私は、八一年末、プノンペンを訪れた際、ヘン・サムリン政権側から姉妹に関する情報をできるだけ集めようと試みた。フン・セン外相はこう言った。

「私はポル・ポトと一緒に生活したこともあり、彼らをよく知っている。ポル・ポト夫妻、イエン・サリ夫妻の四人組が真の実力者だった。二人の妻はキュー・サムファンなどよりよほど力があった。チリト夫人の夫への影響力はすこぶる大きく、サリやサムファンが出す文書の多くが、実は彼女によって書かれていた。ポナリー夫人も内政面で力を持っていた。ただし七八年に心臓発作を起こした後、その影響力は低下した。二人とも完全な毛沢東主義者だった」「ポナリー夫人が不美人かどうかはともかく、髪が真っ白で、独特の白毛女《はくもうじょ》姿だった」。

「四人組」認識は、シアヌーク殿下も示している。七六年三月の人民代表議会選挙の候補者も「この四人が決めた」とし、ポナリー、チリト姉妹が、「国民に貧農のような短い単音の名前に変えるよう命令した」などと述べている[1]。

姉妹は一九六五年に地下に入ったが、それまで姉は名門シソワット高校で国文学を教えていた。五六年のフランス革命記念日（七月一四日）に、革命の理想で結ばれたサロト・サルと、ひっそり「同志の結婚」をした。すでに三〇代半ば。当時のこの国ではきわめて稀だが、夫よりかなり年上の妻だった。小柄でお化粧っけはまったくなし。髪型も古くさく服も地味。「オールド・バージン」などと陰口をたたかれていたという[2]。

妹はクメール英国高校の校長だったが、パリ留学でシェークスピアを学び、素晴らしい英語を話した。ところが、シアヌーク国家元首が反米傾向を強めていた時代だったから、英語の高校というだけで政府教育省からいじめられ、嫌がらせを受けた。後にあれほど外国語や外国の文化を弾圧したポル・ポト派だが、その女闘士がこの国で最初の英語教育校を設立したり、国家元首の反米に悩まされたり、というのだから皮肉なものである。

「不美人鬱憤説」

こうした情報を教えてくれたのは、私の知り合いのカンボジア女性、スオン・カセトさんだった。カセトさんは、一九六〇年代にはシアヌーク国家元首の秘書兼機関紙編集長を務め、八〇年代初めにはヘン・サムリン政権と内戦を戦っていた三派の中の通称ソン・サン派、「クメール人民民族解放戦線（KPNLF）」の報道官だった。夫はシアヌーク、ロン・ノル両時代を通じ農業省高官だったが、七五年四月のプノンペン陥落の際、妻子だけを国外に脱出させ自分は国内に留まった。彼はヌオン・チェアと従兄弟の関係にあり、ヌオン・チェアが地下に潜っていた時代、その家族の生活費の一部を負担していた。だが、七六年にツールスレンに放り込まれた後、死んでしまった。

私はカセトさんとは八〇年の内戦取材以来のつきあいで、八〇年代半ば彼女がタイ・カンボジア国境のソン・サン派の本拠を離れパリに住むようになってからも、時々情報や意見を聞かせてもらった。

カセトさんは、シアヌーク国家元首秘書となる前、夫同士が親しかったこともあってチリト夫人に引っ張られ英国高校の教員になった。「チリト夫人をたいへん尊敬していた。本当に有能なキャリア・ウーマンだった」と証言する。夫のイエン・サリとはこれも「同志の結婚」だが、「大恋愛結婚だった。考え方も思想もまったくの似たもの夫婦だった」という。

八一年末のプノンペンで、姉妹の教員時代の知人は、こう語った。

「二人は夫が革命家になるのを経済的にも支えたから、夫に対する発言力は強かった。チリト夫人はいつも民族服を着て、生徒たちに将来民族のため尽くすよう、汚職などに手を染めないよう説いていたのが印象に残っている」。

姉妹の父親がかつて王女と浮気をし、妻子を捨てて去ったため、王室に対し個人的な反感を抱いていたという証言もあった。ポナリー夫人の高校時代の同級生の思い出として、

「彼女はたしかに容貌に劣等感を持っていて、美しいものを憎む傾向があったようだった。ある時、怒って友人の顔をひどくひっかいた。頭がすごく良く、成績はいつもクラス一。でも誰とも親しく口をきかない少女でした」

という話も聞いた。だが、それ以上明確に「不美人鬱憤説」を裏付ける証言は得られなかった。

ポナリー夫人の写真として公表されたものはわずかしかない。比較的よく知られているのが、七三年三月、シアヌーク夫妻が内戦中の「解放区」を訪問した折の記念スナップ写真である。だが、彼女の顔は小さくしか写っていないから、小柄で髪が真っ白で生真面目そうで女性的魅力は乏しい、ぐらいしかわからない。二〇〇三年七月、彼女の死を報じた現地の新聞には、九七年か九八年に撮影されたというポナリー婆さんの写真が掲載された。口をへの字に結び、ギロリとにらみつけて、不機嫌そうな表情である。こうなるともう美人不美人の判定どころではない。こうして彼女が「夫をたきつけて、虐殺政治のアクセル役を果たした」との説は確かめられないままとなった。

虐殺のアクセルかブレーキか

一方で、まったく違う情報もしだいに伝えられるようになった。ポナリー夫人が精神病を患っているというのである。七〇年代前半に発病した、だからポル・ポト政権時代には、もう夫とは完全別居していたという話だった。彼らがジャングル生活に戻った八〇年代初めには、病が悪化して北京の病院に入院したとの噂も流れた。しかし、八一年のフン・セン外相は私のインタビューでは、そんなことは一言も言わなかった。

七八年一月に鄧穎超女史が民主カンボジアを公式訪問した際、彼女はポナリー民主婦人連合会長と会談したと発表されている。だが、カンボジア側が開いた鄧女史歓迎宴には、イエン・サリ、キュー・サムファンらが夫妻そろって出席しているのに、ポル・ポトは単身出席だ。七八年にはまた、ポナリー夫人が介添え役に助けられながら、別の公の集会に最後の姿を現したと報告されている。どうにも判断し難い。精神障害が悪化していたら、鄧女史のような重要な訪問者と会談しないだろう。この時点ではたとえ発病していてもそれほど重症ではなかったと思われる。そして、この後に心臓発作も起こしたのかもしれない。

九九年六月、スオン・カセトさんからファックスが届いた。前年末ヌオン・チェアらが帰順して以来、チェアの家族には彼からの情報が時々入る。それが親類にも伝わる。そんな情報を知らせてくれたものだった。九〇年代に入り、ポナリー夫人の消息はほぼ途絶えていたが、カセトさんは彼女がパイリンからさらにタイ国境寄りのプノンマライ山地に住んでいることを確認した。チリト夫人が姉の世話をする女性も雇っており、精神障害はそのままだが、快適で静穏な生活を送っているということだった。カセト情報は続いていた。


「ポル・ポト政権時代にこの夫婦が別居したのは、ポル・ポトが妻の言うことに耳を貸さなくなったのが原因だった。ポナリー夫人は大量殺戮や残虐政治をなんとかやめさせたいと思っていたが、夫は聞きいれなかったということです」。


とすれば、夫の尻をたたいたどころではない、まったくその逆ということになる。

二〇〇三年七月、伯母の最期を看取《みと》ったイエン・ウットも、『カンボジア・デイリー』紙記者にこう強調した。

「もし伯母が七五年から七九年までの政権指導部に加わっていたら、あの政権はあれほどの問題政権にはならなかっただろう。彼女は、通貨の使用、市場経済、対外貿易を主張していた。しかし、ポル・ポトも他の人たちも聞く耳を持たなかった。そのために彼女は病気になってしまったのだ」[3]。

革命の根本政策でポル・ポトと対立した人物は、ほとんど全員粛清されている。ポナリーが本当に虐殺政治に反対し、市場経済を主張していて、別居だけで済んだとすれば、やはり「ポル・ポトとの夫婦の絆、家族の絆が働いた」としか考えられない。

だが、それとは反対の情報もなお存在している。ポナリーは内戦中の七三年に北部のコンポントムの党書記になったが、その地区では、当時他地区に先駆けて集団による食事など過激な措置や処刑が導入されたという。

そして、私の耳には八一年のフン・セン発言その他が残っている。シアヌーク回想録もある。いつどんな状況で発病したかの問題も残る。いったいポナリーがブレーキだったのかアクセルだったのかは、謎のままだ。ただ、もし本当にあまりの残酷革命にぞっとし、精神障害に陥ったとすれば……革命に生き、革命に挫折したポナリー夫人も、ポル・ポト革命の悲劇の一つの象徴と言えるだろう。

ポル・ポトの妻と娘

ポル・ポトは結局ポナリー夫人と別れた。そして、八〇年代半ばに三〇歳前後だった農民女性と再婚し、一女をもうけた。チリト夫人が離縁された姉に同情し、それがポル・ポト―イエン・サリの不仲を促進する一因になった、との説もある。

ポル・ポトの生存中、新しい妻は一枚の写真に顔を見せただけだった。九四年に公表されたポル・

健在写真　1986年に撮影されたというポル・ポト（中央）らポル・ポト派幹部の写真　右から２人目がミヤ・ソムさん、その前がシットさん　94年に公開された

ポト派指導者たちの写真で、八六年に西部で撮影されたとされるものだ。ポル・ポト、ヌオン・チェア、キュー・サムファン、ソン・セン、ユン・ヤットがくつろいだ表情で並び、ほかに写真説明のない女性二人、幼児一人が写っている。ポル・ポトが死んでから分かったが、その女性のうちの一人が新妻で、幼児が長女だった。女性はいかにも農婦らしい感じだが、前夫人よりははるかに女性っぽいし、幼児は目がクリッとして愛らしい。

ポル・ポトは年をとってからできたこの一人娘を溺愛したようである。よく腕の中に小さな娘を抱いて森の中を歩いていたと伝えられている。九七年一〇月のポル・ポト会見記事の中で、ネト・セイヤー記者も「彼が娘について語る時、本当に父親らしい愛情がこもっていた」と書いている。そして、彼のこんな言葉を伝えている。

「いい娘だ。いい人間だ。他人と本当にうまくやっていける娘なんだよ。ただ学科によってはどうも勉強が苦手だ。私に似たんだね」「朝目覚めても私はベッドから起きられない。妻や娘と遊ぶことすらもうできなくなった。夕食は小さなテーブルで一緒にとっているけれどね」。

最後に、「あなたの娘が大きくなった時、『私はポル・ポトの娘です』と胸を張って言うと思うか」と質問され、こう答えている。「分からない。歴史が判断するだろう」。

ポル・ポトが死んだ時、妻ミヤ・ソムさんと娘のシットさんは、国境のタイ側に集まった報道陣の前に一回だけ姿を現した。あくまで自然死だったと証言させるため、タ・モクが命じたのだろう。二人は「世間がどう思おうと優しい夫であり父でした」と語った。

いまさらポル・ポトの家族愛とか父娘愛といわれてもピンと来ない。彼は、幼少の六歳のころ親元を離れてプノンペンに送り出され、年上のポナリー夫人との間には子どももできなかった。親子そろっての夕食の喜びなど幼少のころからまったく無縁だった。家庭的に寂しい人生を送ってきたポル・ポトだけに、最後は妻子にメロメロになったのかもしれない。

彼女たちの新しい人生

九九年六月には、プノンペンのソン・スベール元国会副議長からも私にEメールが届いた。やはり二〇年近い知り合いだ。私が関心を持っているのを知って、ポル・ポトの後妻についての続報を送ってくれたのである。

それによると、ミヤ・ソムさんはプノンペンで旧ポル・ポト派幹部の一人、テプ・クナルと夫婦生活を送っていた。シットさんも一緒である。新しい夫は、一九八〇年代、ポル・ポト派など三派連合の国連大使として働いた後、九一年のパリ和平協定で首都に設置されたポル・ポト派事務所のスポークスマンを務めた〝インテリ〟ポル・ポト派だった。

ミヤ・ソムさんはポル・ポトの死後、タ・モクにだいぶいじめられたらしい。五ヵ月後、テプ・クナルらと一緒に政府側に投降し、投降の二ヵ月後には結婚した。ポル・ポト派は森の支配地域の宝石や木材の開発・販売で巨額の金を溜《た》め込み、彼女にも前夫のポル・ポトが遺した遺産が相当ある、などといわれている。スベール情報によると、ミヤ・ソムさんは「ベンツで首都を走り回っている」ということだった。「元ポル・ポトの後妻」はかなりドライな感じだ。けれども娘の将来を考えたら、少しでも早く前夫との過去を忘れ、新しい人生に入るのが正解に違いない。

その後、テプ・クナルは二〇〇一年、フン・セン政権の与党、人民党に加わる。以来、相当な額のカネを党に献金し、二〇〇三年一〇月には、バンテアイミアンチェイ州マライ郡副郡長に任命された。ここもかつてのポル・ポト派の本拠地である。そこで今、彼はミヤ・ソム夫人と住み、「わが郡の開発のためにベストをつくす」と宣言している。この夫婦にとって、ポル・ポトの記憶など完全に過去のものになりつつあるのだろう。

ヌオン・チェアの母

カセトさんのファックスには、前章で述べたヌオン・チェアの謝罪のこともくわしく書かれていた。

「先月（九九年五月）病気の義父の見舞いにバッタンバンを訪れた義妹（ヌオン・チェアの従妹）がフランスに戻って話してくれたところでは、昨年末フン・セン首相が帰順したヌオン・チェアらに国内観光旅行をプレゼントした際、ヌオン・チェアはぜひバッタンバンに住む家族に会いに行きたいと首相に頼み、家族との再会が実現しました。彼は家族全員の前で土下座して、ポル・

ポト時代の残虐行為について詫びたそうです。自分たちが党中央委員会で決定したことの結果がどうなったか知らなかった、自分たち指導者は虐殺を知らなかったと弁明したそうです」。

そして、こう分析していた。

「ヒトラーと同様、ヌオン・チェアも愛着の対象は母親や妻子、肉親だけに限られるのでしょう。それ以外の人々の生命など、記者会見で言及したように動物や鶏と同じでしかなかった。彼はみずから願って家族に許しを乞いに行き、自分たちの決定の結果を予知できなかったと打ち明けたわけですが、この予知能力の欠如がポル・ポト指導部の大量虐殺型偏執病の病因だったと思います。ポル・ポト、ヌオン・チェアらは政治知識も国民への影響力も行政のインフラもないまま、ロン・ノル政権の自壊で政権についてしまった。反革命を予防する手段として暴力以外まったく知らなかったのです」。

コンポントムでの朝の托鉢風景（1970年以前に撮影）

ヌオン・チェアにとっての家族の絆も、相当に強そうだ。虐殺革命に邁進していた時も、母親の存在は特別だったようである。母親は当時、バッタンバン市に近いワットコー村（ヌオン・チェアの生まれ故郷）に住んでいたが、その村から息子に対して相当に強い影響力を行使していた。彼女はそれこそ反革命で、仏教を深く信仰し続けた。普通だったらそれだけで反動腐敗分子として虐殺されただろうが、彼の母親は七五～七七年の二年間、毎日寺院にお参りする特権を認められていた。この村では、彼女を迎えるだけのために四人の僧侶がいた。ただし、その二年間の後は、ヌオン・チェアもさすがにこの母親孝行特別宗教サービスをやめざるを得なくなった[4]。

ヌオン・チェアの母はカセトさんの義母と姉妹だったが、カセトさんの義父母が遠い田舎に強制移動させられそうになった時、息子にはっきりこう宣言した。「もしお前が彼女たちを移動させるなら、私も一緒に移動するからね」。移動はほとんど死を意味していた。母の圧力を受けたヌオン・チェアの介入で、義父母は強制移住を免れ、命拾いをしたという。

このほかにも、母の介入によってヌオン・チェアはワットコー村の住民たちに幾つか便宜を図ったと伝えられている。おっかない肝っ玉母さんもこの場合は、痛快な感じさえ与える。そんな母親に、幾つになっても頭が上がらない息子という構図である。

特別なはからい

しかし、ヌオン・チェアの絆は一親等、二親等の範囲だけにも限られないようだ。

スオン・カセトさんの夫のカセト氏はツールスレンに入れられた。S21の記録には入所年月日が記されている。ところが不思議なことに処刑年月日の欄は空白のままなのだ。普通はこんなことはあり得ない。

九二年になって、ヌオン・チェアの妹からカセトさんに夫がツールスレンで殺されたのではない、という情報がもたらされた。場所は分からないが、サトウヤシの木から落ちて死んだという。ツールスレン構内にはサトウヤシは植わっていない。だから、何かの理由でツールスレンから出された。そして砂糖作りに従事させられているうちに身体が衰弱していて慣れない木登りに失敗したか、自殺したのかもしれない。だが、なぜ異例にもツールスレンから出されたのか。ツールスレンはヌオン・チェアの縄張りだ。彼がかつて世話にもなった従弟に特別な措置をとった可能性がある。

二〇〇二年に、日本人の大学院生、金子靖志さんがパイリン郊外のヌオン・チェア、キュー・サムファンの自宅に突撃取材を敢行し、二人にインタビューした。ヌオン・チェアは、

「私の親せき四〇人以上が逮捕され、監獄に入れられ、殺された。私はそうした情報をまったく知らなかった。当時の状況は非常に複雑で手に負えなかった」

と言った。後半は例によっての弁明だが、四〇人以上もの親類が犠牲になったことに、忸怩《じくじ》たる思いもあるのだろう。サムファンはサムファンで、

「私の親類、妻の親兄弟など、多くの大切な人々がポル・ポト政権時代に逮捕された。なんとか助け出せたが、なぜそんなことになったのか……私にも分からない」

と打ち明けた。彼も家族・親族の絆で、頑張って介入したのである[5]。

別の次元で、家族の絆を重視し、地域に一族統治のネットワークを広げたのがタ・モクだった。ポ

ル・ポト政権時代に、息子、娘、娘婿ら一三人が、タ・モクが書記を務める南西部地域で様々な要職についていた。

イエン・チリトも、政権時代に一男三女をプノンペンで自分の近くに住まわせ、よい仕事にもつけて思い切り特別待遇をした。娘たちは専門的訓練などろくに受けていないのに医師や薬剤師になり、息子はパイロットになった。チリトがジャングル入りした六五年から内戦勝利の七五年まで子供たちとまるで会えなかった反動か、権力を手に入れた後はとても甘い母親になった。七七年に長女が出産したとき、チリトは傍らに付き添って初孫を抱き上げた6。もちろん、その時代、一般民衆にとってはそれはとても望めない贅沢だった。姉との絆といい、チリトもいたって強い家族愛の持ち主なのである。

ポル・ポト革命とは何だったのか

それにしても、あれだけ「家族」という枠組みに縛られるのは旧思想だとし、その枠組みを解体しようとしたポル・ポト派。あの時代、一般の農民は「夕食のテーブルで妻子と一緒に食事をしたい」などと口にしただけで、殺された可能性が強い。実際には、その指導者たちは自分の家族・親族を特別扱いしたり、母親に頭が上がらなかったり、晩年にひじょうな親ばかになったりした。虐殺を真面目に詫びるのも家族に対してだけだ。

また、あれだけ仏教をたたき潰していながら、やはり晩年には自分の家族・親族の成仏を祈って寺院にかけつけ、仏塔まで建てる。カン・ケク・イウ（ドッチ）も、九六年に洗礼を受けた直接のきっかけは、妻がおそらくは彼への復讐のために殺されてしまったことだった。大事な妻や家族を失ったら宗教に頼らずにいられない。

もちろん、政権を握っている時と失った後の違いは大きい。だが、革命の確信犯と思われた彼らが、結局「家族」も「宗教」も乗り越えられなかった。彼らの革命は「家族」よりも「宗教」よりも弱かった。「『革命組織』一神教」は仏教に負けた。

最後にもう一度、ポル・ポト革命とは何だったのだ、と思わずにはいられない。

あとがき

やはり、「まだ分かっていない」「謎のままだ」といった表現が多い本になってしまった。すでにポル・ポトも、ケ・ポクも、キュー・ポナリーも、記憶を墓の中に持って行った。存命中の元指導者たちも、真実をなかなか語ろうとしない。

ポル・ポト派裁判はとにかく早く、きちんと行われてほしい。法廷で元指導者たちが突如真実を語り出すとも思えないが、彼らの弁論や証言の行間から真実を掘り出し、有罪の者には有罪をはっきり言い渡すこと。それが一五〇万人と推計される犠牲者への最大の鎮魂曲（レクイエム）だろう。

私にとっては、こうした本を書くことが、犠牲者への鎮魂曲だ。

アンコール遺跡修復・保存の専門家育成に取り組む石澤良昭・上智大学教授がよく言われるのは、若いころカンボジア国立遺跡保存事務所でともに研究した三〇人あまりの研究生のことだ。皆ポル・ポト時代に無念の死を遂げたとみられ、いま後進のカンボジア人専門家を育てることが、彼らへの鎮魂なのだという。私は石澤教授にはとても及ばないが、本文に記した大隊長のサルーン青年なども含めて何人かのカンボジア人の知り合いが、ポル・ポト時代に消息を絶った。「ポル・ポト」について書き、風化を食い止める努力に加わることが、私にできる鎮魂だと考えている。

「はじめに」に書いたように、ポル・ポト革命の歴史はまだ終わっていない。だが、カンボジアでも、ポル・ポト時代を知らない世代の方がずっと多数派になった。日本の大学の期末試験の答案では、授業にあまり出席していなかった学生なのだろうが、ポル・ポトはすぐ「インドネシアの大統領」にもなってしまう。だからこそ、「ポル・ポト」の歴史を分かりやすくまとめる必要があると思った。

ポル・ポト虐殺革命は、もうかなり昔、遠い国で、特別の殺人狂集団が起こした異常な事件だととらえられがちだ。

だが、ポル・ポトも最後には小さなテーブルで妻娘と夕食をとる慎ましい喜びを口にする父親になった。S21の恐怖の所長カン・ケク・イウは、難民救援に励むクリスチャンの足長おじさんに変身していた。革命のバブルがはじけた後の元指導者の老人たちの責任のなすり合いは見ていて無残というほかないが、要するに、ポル・ポト派も普通の人間たちだった証拠といえるのではないか。普通の人間たちが一つの方向にめちゃくちゃに突進したら、いくらでもこうしたことが起こり得る。オセロ・ゲームのように白から黒にそろって変わってしまう。だからこそ恐ろしいし、その歴史も知ってほしいと思うのだ。

最後になるが、講談社選書出版部の井上威朗氏と浅井瑞江氏には、酒を飲みながら楽しく督促し、リードしていただいた。お礼を言いたい。

二〇〇四年六月

山田　寛

注

●第一章

1. ここに引用したインタビューのほかにも一九七八年三月、ポル・ポト首相はプノンペンを訪問したユーゴスラビアの報道代表団との会見で、パリでの生活、ユーゴ行きのことなどを多少語っている。

2. 欧米では普通「クメール・ルージュ（赤いクメール）」と呼ぶ。一九六〇年代のシアヌーク政権時代に、シアヌーク殿下が使い出した言葉という。

3. "*Far Eastern Economic Review*" October 30, 1997 その三ヵ月前、彼は長年の部下ソン・センとその一族、計一五人を殺害した罪で、クメール・ルージュの人民裁判にかけられ、無期刑を言い渡されていた。クメール・ルージュ最後の権力者となったタ・モクらの意向で、受けることを強いられたインタビューだった。

4. コミンテルンは、一九一九年にレーニンが創設した世界の共産党の集合組織。ソ連共産党が各国共産党を直接指導した。一九四三年まで続いた。

5. ティウン・マムはポル・ポト政権時代は国家科学技術委員長などを務めた。ケン・バンサクは、マムとともに、サロト・サルを共産主義に導いたとも言えるが、あくまで左派民族主義者に留まり、カンボジア共産党には入らなかった。

6. François Debré, "*Cambodge: la révolution de la forêt*," Paris, 1976

7. 七三年の党史は、まだ五〇年代の人民革命党から共産党の歴史が始まったことを認めていたが、ポル・ポト政権成立後に作られた党史では、そこの部分をカットしてしまう。

8. Ben Kiernan, "*How Pol Pot Came to Power*," Verso, London, 1985 による。

9. David P. Chandler, "*Brother Number One: A Political Biography of Pol Pot*," Westview Press 1992（日本語訳＝山田寛訳『ポル・ポト伝』めこん、一九九四年）

10. Peter Schier & Manola Schier-Oum in collaboration with Waldraut Jarke, "*Prince Sihanouk on Cambodia: Interviews and Talks with Prince Norodom Sihanouk Number 110*," Hamburg, 1980

11. Ministère des Affaires Etrangères du Kampuchea Démocratique, "*Livre Noir: Faits et preuves des actes d'agression et d'annexion du Vietnam contre le Kampuchea*," Phnom Penh, 1978（日本語訳＝民主カンボジア外務省編「ベトナムを告発する『黒書』全訳」社会思想社、一九七九年）

12. 前掲（注9）の“*Brother Number One*”による。

13. Roger Faligot & Rémi Kauffer, “*KANG SHENG et les Services secrets Chinois*,” Editions Robert Laffont, S.A., Paris, 1987（日本語版＝黄昭堂訳『中国諜報機関』光文社、一九九〇年）による。

14. 前掲（注8）の“*How Pol Pot Came to Power*”による。

●第二章

1. William Shawcross, “*Sideshow: Kissinger, Nixon and the Destruction of Cambodia*,” The Hagarth Press, London, 1979が詳細に伝えている。

2. Norodom Sihanouk, “*Prisonnier des Khmers Rouges*,” Hachette, France, 1986（日本語訳＝友田錫監修・牧事務所訳『シアヌーク最後の賭け』河出書房新社、一九八八年）

3. Elizabeth Becker, “*When the War was Over*” Public Affairs, New York, 1998

4. Ith Sarin, “*Sronob Proloeung Khmer*” Phnom Penh, 1973（英訳＝“*Regrets of the Khmer Soul*,” Timothy Carney, Ithaca, Cornell University Southeast Asia Program Data Paper 106, 1977）

5. ロン・ノル軍のソステン・フェルナンデス総参謀長が七五年二月末、明らかにした推計数字。このころ、「解放軍」総兵力は六万人以上と推計されていた。

6. 七人のうちのほかの四人はチェン・ヘン（国家元首）、ソン・ゴク・タン（首相）、イン・タム（首相）、ソステン・フェルナンデス（軍総参謀長）。（かっこ内はロン・ノル政権でのおもな職位）。

●第三章

1. Kenneth M. Quinn, “*The Pattern and Scope of Violence*,” in Karl Jackson, ed., Cambodia 1975-1978.

2. François Ponchaud, “*Cambodge année zéro*,” René Julliard, Paris, 1977（日本語版＝北畠霞訳『カンボジア・0年』連合出版、一九七九年）

3. Hu Nim, “*Planning the Past: The Forced Confessions of Hu Nim*,” in C. Boua, D. Chandler & B. Kiernan,eds., “*Pol Pot Plans the Future: Confidential Leadership Documents from Democratic Kampuchea*,” 1976-1977, Yale University Southeast Asia Studies Monograph No.33, New Haven, 1988

4. Ben Kiernan, “*The Pol Pot Regime*,” Yale University Press, New Haven, 1995による。

5. 前掲書“*Cambodge année zéro*”

6. 前掲書“*The Pol Pot Regime*”

7. 前掲書"*Cambodge année zéro*"

8. Norodom Sihanouk, "*Prisonnier des Khmers Rouges*," Hachette, France, 1986

9. フー・ニムの供述書の内容は、前掲書"*Planning the Past: The Forced Confessions of Hu Nim*," in C. Boua, D. Chandler & B. Kiernan eds., "*Pol Pot Plans the Future*,"による。

10. 前掲書Ben Kiernan, "*The Pol Pot Regime*,"などによる。

11. 本書で引用しているポル・ポト政権のスローガンの文言は、主としてHenri Locard, "*Les Paroles de l'Angkar*," L'Harmattan, Paris, 1996の仏訳によった。

12. Anthony Barnett, "*Democratic Kampuchea: A Highly Centralized Dictatorship*," in "*Revolution and Its Aftermath in Kampuchea: Eight Essays*," D. Chandler and B. Kiernan eds., Monograph Series No.25, Yale University Southeast Asia Studies, 1983

13. Norodom Sihanouk, "*Prisonnier des Khmers Rouges*"による。

14. David P. Chandler, "*Brother Number One*"による。

15. ただし七八年九月からの最後の四ヵ月間は、近くの民家に住まわされた。ベトナムがシアヌークを拉致してポル・ポト打倒運動の看板に据えることを、政権指導者たちが恐れたためだった。王宮では拉致作戦を防ぎにくいと思われた。殿下は言わばラグビーの取り合いのボールだった。

16. François Ponchaud, "*Cambodge année zéro*"による。

17. Ben Kiernan, "*The Pol Pot Regime*"による。

18. 四ヵ年計画の内容は、"*The Party's Four Year Plan to Build Socialism in All Fields, 1977-1980*," translated by Chanthou Boua, in C. Boua, D. Chandler & B. Kiernan, eds., "*Pol Pot Plans the Future*," Yale University Southeast Asia Studies Monograph No.33, New Haven, 1988の英語訳によった。

19. この会議の報告書の内容は、(注18)と同じ"*Pol Pot Plans the Future*"の中に収められている"*Report of Activities of the Party Center According to the General Political Tasks of 1976*"の英語訳によった。

20. David P. Chandler, "*Brother Number One*"

21. Elizabeth Becker, "*When the War was Over*"などによる。

22. Norodom Sihanouk, "*Prisonnier des Khmers Rouges*"

●第四章

1. Kenneth M Quinn, "*The Pattern and Scope of Violence*," in Karl Jackson, ed., Cambodia 1975-1978に

よる。

2. Ben Kiernan, "*The Pol Pot Regime*"による。

3. François Bizot, "*Le Portail*," La Table Ronde, Paris, 2000（日本語訳＝『カンボジア運命の門』中原毅志訳、講談社、二〇〇二年）による。

4. David P. Chandler, "*Brother Number One*"および同著者の"*Voices from S-21: Terror and History in Pol Pot's Secret Prison*," Berkely: University of California Press, 1999（日本語訳＝『ポル・ポト死の監獄S21』山田寛訳、白揚社、二〇〇二年）などによる。

5. 前掲書"*Voices from S-21*"による。

6. Boua, Chandler and Kiernan, eds., "*Pol Pot plans the Future*" による。

7. 「　」内の表現は、Stephen Heder, "*Pol Pot and Khieu Samphan*," Working Paper No.70, Centre of Southeast Asian Studies, Monash University, Clayton, Australia, 1991 による。ポル・ポトが七七年九月の共産党公表演説の中で好意的に評価しながら言及している個人名は、ヌオン・チェアとキュー・サムファンだけだ。ヘッダーはこの冊子の中で、そうしたポル・ポトの演説やヌオン・チェアの発言、ツールスレンの囚人の供述書などをもとに、この表現のように結論している。とりわけ、キュー・サムファンが「ポル・ポトが作り出した政治処刑マシーンにおける重要な共犯者の一人だった」とし、粛清や虐殺に関しても重要な役割を演じた、と主張している。

8. 前掲書"*Voices from S-21*"参照。シエト・チェは、これを断固否定し、娘はまだ処女だと反論している。

9. Elizabeth Becker, "*When the War was Over*"による。

10. 民主カンボジアの地方行政区分は、全国を七地域に分けていた。地域によっても違うが、北西部の場合、七地区。各地区に四つぐらいの郡があり、各郡に四つぐらいの農業共同体があり、各農業共同体には四つぐらいの村があった。

11. Ben Kiernan, "*Wild Chickens, Farm Chickens, and Cormorants: Kampuchea's Eastern Zone under Pol Pot*," in "*Revolution and Its Aftermath in Kampuchea: Eight Essays*," Monograph Series No.25, Yale University Southeast Asia Studies, 1983

12. キアナンの前掲書（注11）による。

13. ソー・ピムの最後のことは、キアナンの"*The Pol Pot Regime*"や清野真巳子『禁じられた稲』（連合出版、二〇〇一年）など参照。

14. 前掲書"*The Pol Pot Regime*"による。

15. Nayan Chanda, "*Brother Enemy: The War After War. A History of Indochina since the Fall of Saigon*," New York: Harcourt Brace Jovanovich, 1986（日本語

訳＝『ブラザー・エネミー』友田錫・滝上広水訳、めこん、一九九九年）によると、七七年九月二四日からのカンボジア軍のタイニン省侵攻・住民虐殺直後、地域を管轄するベトナム第七軍管区司令官の意向で、ハンガリー人記者が現地取材に連れて行かれたことがあった。だが、取材を終えホーチミン市に帰着したとたん、事実公表を望まないベトナム共産党当局によって、取材メモやフィルムをすべて没収され、「一切書かない」約束をさせられてしまった。

16．Laurence Picq, “*Au-delà du ciel: Cinq ans chez les Khmers Rouges*,” Bernard Barrault, Paris, 1984による。この前後の流れについてはナヤン・チャンダの前掲書（注15）がくわしい。

17．一九七九年五月一日付のバンコク・ポスト紙による。

18．Serge Thion, “*Chronology of Khmer Communism,* (*Revolution and Its Aftermath in Kampuchea,: Eight Essays*)”, Yale University Southeast Asia Studies, 1983

19．一九七八年九月二日付読売新聞

20．David P. Chandler, “*Voices from S-21*”による。

21．同裁判の記録『ポル・ポト政権の犯罪―カンボジア人民革命法廷の記録』（世界政治資料編集部訳、新日本出版社、一九八〇年）による。

22．Elizabeth Becker, “*When the War was Over*”

23．読売新聞一九七八年一二月二八日付朝刊。

24．David P. Chandler, “*Voices from S-21*”による。

●第五章

1．ポル・ポトが偽名で滞在していたとの情報はナヤン・チャンダ記者の特種だった。

2．Christophe Peschoux, “*Les 〈Nouveaux〉 Khmers Rouges 1979-1990*,” L'Harmattan, Paris, 1992（日本語訳＝友田錫・監訳『ポル・ポト派の素顔』ＮＨＫ出版、一九九四年）による。

3．Roger Normand, “*The Teachings of Chairman Pot*,” Nation September 3, 1990による。

●第六章

1．東京在住のジャーナリストで『カンボジア・デイリー』紙の発行人のバーナード・クリッシャー氏との会見でこう語った。発言内容は、クリッシャー氏による。

2．九九年一月、ＡＦＰ通信のインタビューでのコメント。

3．“*Far Eastern Economic Review*” October 30, 1997

4．スオン・カセトさんによる。カセトさんについては終章で詳述。また拙著『記者がみたカンボジア現代史25年』（日中出版、一九九八年）参照。

5．“*Far Eastern Economic Review*” May 13, 1999

6．井上恭介・藤下超著『なぜ同胞を殺したのか』（ＮＨＫ出版、二〇〇一年）による。

●終章

1. Norodom Sihanouk, "*Prisonnier des Khmers Rouges*"
2. David P. Chandler, "*Brother Number One*"による。
3. "*The Cambodia Daily Weekly Review*" June 30 to July 4, 2003による。
4. 前掲の"*Brother Number One*"による。
5. 信濃毎日新聞二〇〇二年一〇月三一日付夕刊による。
6. Elizabeth Becker, "*When the War was Over*"による。

参考文献

（本書が引用、参考にしたもの、あるいは内容がポル・ポト派に直接関係のあるものにしぼった）

〈英語またはフランス語〉

＊Anthony Barnett,“*Democratic Kampuchea: A Highly Centralized Dictatorship,*”in“*Revolution and Its Aftermath in Kampuchea: Eight Essays,*”D. Chandler and B. Kiernan eds., Monograph Series No. 25, Yale University Southeast Asia Studies, 1983

＊Ben Kiernan,“*How Pol Pot Came to Power,*”Verso, London, 1985

＊Ben Kiernan,“*The Pol Pot Regime,*”Yale University Press, New Haven, 1995

＊Ben Kiernan,“*Wild Chickens, Farm Chickens, and Cormorants: Kampuchea's Eastern Zone under Pol Pot,*”in“*Revolution and Its Aftermath in Kampuchea: Eight Essays,*”Monograph Series No.25, Yale University Southeast Asia Studies, 1983

＊Christophe Peschoux,“*Les* 〈*Nouveaux*〉 *Khmers Rouges 1979-1990,*” L' Harmattan, Paris, 1992（日本語訳＝友田錫・監訳『ポル・ポト派の素顔』ＮＨＫ出版、一九九四年）

＊David P. Chandler,“*The Tragedy of Cambodian History: Politics, War and Revolution since 1945,*” Yale University Press, New Haven, 1991

＊David P. Chandler,“*Voices from S-21: Terror and History in Pol Pot's Secret Prison,*”Berkely: University of California Press, 1999（日本語訳＝山田寛訳『ポル・ポト死の監獄Ｓ２１』白揚社、二〇〇二年）

＊David P. Chandler,“*Brother Number One: A Political Biography of Pol Pot,*”Westview Press 1992（日本語訳＝山田寛訳『ポル・ポト伝』めこん、一九九四年）

＊Elizabeth Becker,“*When the War was Over*”Public Affairs, New York, 1998

＊François Bizot,“*Le Portail,*”La Table Ronde, Paris, 2000（日本語訳＝『カンボジア運命の門』中原毅志訳、講談社、二〇〇二年）

＊Feançois Debré,“*Cambodge: la révolution de la forêt,*” Paris, 1976

＊François Ponchaud,“*Cambodge année zéro,*” René Julliard, Paris, 1977（日本語訳＝北畠霞訳『カンボジア・０年』連合出版、一九七九年）

＊Henri Locard,“*Les Paroles de l'Angkar,*”L'Harmattan, Paris, 1996

＊Hu Nim,“*Planning the Past: The Forced Confes-*

sions of Hu Nim,*" in C. Boua, D.Chandler, & B. Kiernan, eds.,"*Pol Pot Plans the Future: Confidential Leadership Documents from Democratic Kampuchea, 1976-1977*", Yale Univ. Southeast Asia Studies Monograph No.33, New Haven, 1988

＊Kenneth M. Quinn,"*The Pattern and Scope of Violence,*" in Karl Jackson, ed., Cambodia 1975-1978.

＊Laurence Picq,"*Au-delã du ciel: Cinq ans chez les Khmers Rouges,*"Bernard Barrault, Paris, 1984

＊Laurence Picq,"*I Remember What Ieng Sary Did,*" Far Eastern Economic Review, Oct. 10, 1996

＊Michael Vickery,"*Cambodia 1975-1982,*"South End, Boston, 1984

＊Milton Osborne,"*Sihanouk: Prince of Light, Prince of Darkness,*"1994（日本語訳＝石澤良昭監訳・小倉貞男訳『シハヌーク』岩波書店、一九九六年）

＊Ministère des Affaires Etrangères du Kampuchea Démocratique,"*Livre Noir: Faits et preuves des actes d' aggression et d' annexion du Vietnam contre le Kampuchea,*"Phnom Penh, 1978（日本語訳＝民主カンボジア外務省編「ベトナムを告発する『黒書』全訳」社会思想社、一九七九年）

＊Nate Thayer,"*Day of Reckoning,*"Far Eastern Economic Review, Oct. 30, 1997

＊Nayan Chanda,"*Brother Enemy: The War After War. A History of Indochina since the Fall of Saigon,*"New York: Harcourt Brace Jovanovich, 1986（日本語訳＝『ブラザー・エネミー』友田錫・滝上広水訳、めこん、一九九九年）

＊Norodom Sihanouk,"*Prisonnier des Khmers Rouges,*"Hachette, France, 1986（日本語訳＝友田錫監修・牧事務所訳『シアヌーク最後の賭け』河出書房新社、一九八八年）

＊Peter Schier & Manola Schier-Oum in collaboration with Waldraut Jarke,"*Prince Sihanouk on Cambodia: Interviews and Talks with Prince Norodom Sihanouk Number 110,*"（Hamburg, 1980）

＊R. A. Burgler,"*The Eyes of the Pineapple: Revolutionary Intellectuals and Terror in Pol Pot's Kampuchea,*"Verlag Breitenback, Saarbrucken, 1990

＊Roger Normand,"*The Teachings of Chairman Pot,*"Nation September 3, 1990

＊Serge Thion,"*Chronology of Khmer Communism,（Revolution and Its Aftermath in Kampuchea,: Eight Essays）*", Yale University Southeast Asia Studies, 1983

* Serge Thion & Ben Kiernan,"*Khmers Rouges!,*" Albin Michel, Paris, 1982
* Stephen Heder,"*Pol Pot and Khieu Samphan,*" Working Paper No.70, Centre of Southeast Asian Studies, Monash University, Clayton, Australia, 1991
* Vann Nath,"*A Cambodian Prison Portrait: One Year in the Khmer Rouge's S-21,*"White Lotus, Bangkok, 1998
* Wilfred Burchett,"*The China-Cambodia-Vietnam Triangle,*"Zed Press, London, 1980
* William Shawcross,"*Sideshow: Kissinger, Nixon and the Destruction of Cambodia,*"The Hagarth Press,London, 1979
* Y Phandara,"*Retour à Phnom Penh,*"E. Metaille, Paris, 1982

〈カンボジア語〉

*Ith Sarin,"*Sronob Proloeung Khmer*"Phnom Penh, 1973（英訳＝"*Regrets of the Khmer Soul,*"Timothy Carney, Ithaca, Cornell University Southeast Asia Program Data Paper 106, 1977）

〈日本語〉

＊井上恭介・藤下超著『なぜ同胞を殺したのか』（ＮＨＫ出版、二〇〇一年）
＊大石芳野『女の国になったカンボジア』（潮出版社、一九八〇年）
＊小倉貞男『インドシナの元年―Ｓ２１キャンプから』（大月書店、一九八一年）
＊清野真巳子『禁じられた稲』（連合出版、二〇〇一年）
＊コン・ボーン著・菅原秀編『殺戮荒野からの生還』（リベルタ出版、一九九七年）
＊本多勝一編『虐殺と報道』（すずさわ書店、一九八〇年）
＊本多勝一『カンボジアへの旅』（朝日新聞社、一九八一年）
＊山田寛『記者がみたカンボジア現代史25年』（日中出版、一九九八年）
＊『ポル・ポト政権の犯罪―カンボジア人民革命法廷の記録』（世界政治資料編集部訳、新日本出版社、一九八〇年）

	ポル・ポトが派内で失脚する。王国政府のラナリット第一、フン・セン第二両首相が、国連事務総長にポル・ポト政権時の大量虐殺を裁く国際法廷設置を要請する
1997・7	ラナリットとポル・ポト派の「帰順合意」調印直前、フン・センが武力で合意を阻止、ラナリットを追い出す。ポル・ポト派拠点でポル・ポトの「即席人民裁判」。ソン・セン一族殺害で終身刑が言い渡される
1998・4	ポル・ポトが死亡する
1998・12	ヌオン・チェアとキュー・サムファンが政府側に投降
1999・3	最後の指導者タ・モク逮捕され、旧ポル・ポト派消滅
1999・5	元Ｓ21所長カン・ケク・イウ（ドッチ）逮捕される
2003・3	国連とカンボジア政府が、ポル・ポト派を裁く特別法廷設置問題で基本合意に達する
2003・7	キュー・ポナリー死亡
2006・7	ポル・ポト派裁判の特別法廷の判事・検事（カンボジア人17人、外国人13人）が就任。拘留中のタ・モク死亡
2007・9~11	生存の旧指導者全員（ヌオン・チェア、イエン・サリ、チリト夫妻、キュー・サムファン）拘束。裁判へ
2009・2	特別法廷開廷。カン・ケク・イウの公判始まる
2010・7	カン・ケク・イウに禁固35年の判決。上級審へ控訴
2010・10	ヌオン・チェアら４人が起訴される
2011・11	４人の裁判の審理が始まる。全員が無罪を主張
2012・2	カン・ケク・イウに上級審で終身刑判決。確定
2012・9	チリトが認知症のため釈放される（2015年８月死亡）
2013・3	イエン・サリが死亡
2014・8	残るヌオン・チェア、キュー・サムファン両被告に対し、起訴事実のうち、「住民強制移動と一部の処刑」について、一審で終身刑の判決
2016・11	上級審がチェア、サムファン両被告の終身刑を確定
2017・6	「大量虐殺」など両被告の残りの起訴事実の審理終了
2018・11	チェア、サムファン両被告、少数民族の集団虐殺罪などでも終身刑の判決（一審）
2019・8	ヌオン・チェア死亡
2022・9	サムファン被告、少数民族の集団虐殺罪などでも終身刑判決が確定。特別法廷裁判が終結

1977・12	ポル・ポト政権、ベトナムとの断交を発表する。この後、国境地帯での戦闘が断続的に続く
1978・4〜7	東部地域幹部の大量・徹底粛清が行われる。中央政府軍と東部地域軍部隊の戦闘も発生した。ヘン・サムリンらがベトナムに脱出。東部地域書記のソー・ピムは自殺する。東部住民の大虐殺が行われる
1978・9	ポル・ポト政権外務省、ベトナム非難の『黒書』を発表
1978・11	ボン・ベトがツールスレンに連行される
1978・12	東部地域で、ポル・ポト政権打倒を目指す「カンボジア救国民族統一戦線」が結成され、下旬にベトナム軍が大攻撃を開始する。下旬にプノンペンで親ポル・ポト政権の英国人学者が殺害される。バンコクからのアンコール遺跡観光ツアーのテスト飛行実施
1979・1	ベトナム軍の侵攻でプノンペン陥落。ポル・ポト政権指導者たちはふたたびジャングルに潜り、また抵抗運動に入った。シアヌークは北京へ脱出、国連でベトナム非難の熱弁をふるう。プノンペンには親ベトナムのカンボジア人民共和国（通称ヘン・サムリン政権）が樹立される
1979・8	ヘン・サムリン政権が、ポル・ポト、イエン・サリの二人を即席欠席裁判にかけ、虐殺の罪で死刑を宣告する
1982・6	ポル・ポト派、ソン・サン（元首相）派、シアヌーク派の反ベトナム・反プノンペン政権三派連合が成立する。中国、タイや西側諸国が支援。内戦の和平の動きは87年末ごろからやっと始まる
1991・10	ポル・ポト派を含む四派と関係18ヵ国がパリで和平協定に調印
1993・5	国連管理による制憲議会選挙が実施された。ポル・ポト派はボイコットしたが、選挙は平穏に行われた
1993・9	シアヌークを国王とするカンボジア王国が発足。ポル・ポト派はその後非合法化される
1996・8	イエン・サリ、ポル・ポト派を離脱、まもなくシアヌーク国王から恩赦を与えられる
1997・6	ポル・ポト派支配地域のジャングルで、カンボジア政府との帰順交渉に反対するポル・ポトの命令により、ソン・セン一族が皆殺しにされる。

1966・9	このころ党名を共産党に変更する
1967・4	バッタンバン州サムロートで民衆が蜂起する
1968・1	共産党がシアヌーク政権への武装闘争を開始する
1969～70	サロト・サルまた北ベトナム、中国を訪問
1970・3	ロン・ノル首相によるクーデターで、外国旅行中のシアヌーク国家元首が追放される。シアヌーク殿下は中国などの勧めでカンボジア「解放勢力」と統一戦線を組み、王国民族連合政府を樹立して内戦に突入
1971・8～12	ロン・ノル政府軍のチェンラ2号作戦が失敗、北ベトナム軍により致命的な打撃を受ける
1973・1	ベトナム和平パリ協定調印
1973・2～3	シアヌークが「解放区」を訪れる
1973・8	米軍爆撃終わる
1973・11	王国民族連合政府が、全面的に北京から国内に移される
1975・4	クメール・ルージュ、プノンペンを陥落させ、内戦に勝つ。鎖国状態の国の中で、都市住民の強制移住、旧ロン・ノル政権関係者の虐殺など暗黒政治が始まった
1975・8	このころフー・ユオンが殺される
1975・9	革命政権の治安警察サンテバル（S21）がスタートする
1976・1	民主カンボジア新憲法が公布された
1976・4	75年12月末に帰国したシアヌークが名ばかりの国家元首を辞任する。プノンペンでの幽閉生活が始まった。ポル・ポトが首相に就任。プノンペンで手投げ弾爆発事件
1976・5	S21ツールスレン監獄の重要囚人第一号、チャン・チャクレイが逮捕される
1976・9	ポル・ポト首相の一時辞任が発表される。党内の敵の目をくらませる目的と見られる
1977・1	コイ・トゥオンがツールスレンに連行される
1977	北西部地域の粛清続く
1977・4	フー・ニムがツールスレンに連行される
1977・9～10	9月30日、ポル・ポト5時間の大演説で共産党の存在を公表する。東部地域の部隊がベトナム領を攻撃。ベトナム軍も反撃、カンボジア領内に攻め込む。10月、ケ・ポクが東部に派遣され対ベトナム戦闘を監視し、東部地域粛清にも着手する

ポル・ポト〈革命〉史関連年表

1925・1	サロト・サル（後のポル・ポト）生まれる
1930・10	ベトナムを中心にインドシナ共産党が結成される
1942・7	ソン・ゴク・タンらの指導で大規模な反フランスデモ
1945〜46	ソン・ゴク・ミン、トゥー・サムート、シウ・ヘンらカンボジア共産主義者第一世代が活動を開始する
1949・9	サロト・サルのパリ留学始まる
1950〜51	イエン・サリらがパリ留学を開始、ケン・バンサクらが中心となった共産主義文献討論会合が盛んに開かれ、サルも出席するようになる
1951・9	カンボジアでクメール人民革命党が結成される
1952・6	〝王様クーデター〟。シアヌーク国王、国会を解散、全権力を握る。サロト・サル論文「王制か民主主義か」を発表、革命を讃える
1953・1	サロト・サル帰国、人民革命党に入り、年半ばから東部のジャングルの拠点で秘密党活動に従事する
1953・11	シアヌーク国王、カンボジアの完全独立を達成
1954・5〜7	第一次インドシナ戦争休戦のためのジュネーブ会議が開かれる。サロト・サルらはプノンペンに戻って党活動
1955・9	王位を退いたシアヌークの翼賛政治体制確立。サンクムが国会全議席独占
1956・7	サロト・サルがキュー・ポナリーと結婚する。この後サルや仏留学生仲間は教員となる
1960・9	党大会で、カンボジア労働党となる。後のポル・ポト政権時代、これを共産党の始まりとするよう、党史を書き改める
1962・7	党書記トゥー・サムートが失踪。殺されたと見られる
1963・2	党大会でサロト・サルが書記となる。ヌオン・チェアは副書記に留まる
1963・5	サロト・サル、イエン・サリらが地下に潜る。ほかの幹部もこれに続く
1965〜66	サロト・サルが北ベトナム、中国を訪問。中国で大きな影響を受ける

マ

ヤ

ラ

ナ

ハ

サ

タ

索引

ア

カ

ポル・ポト〈革命《かくめい》〉史《し》

虐殺《ぎゃくさつ》と破壊《はかい》の四年間《よねんかん》

二〇〇四年 七 月一〇日第 一 刷発行
二〇二五年 二 月 七 日第一四刷発行

著 者 山田《やまだ》 寛《ひろし》

発行者 篠木和久
発行所 株式会社 講談社
東京都文京区音羽二丁目一二—二一 〒一一二—八〇〇一
電話（編集）〇三—五三九五—三五一二
（販売）〇三—五三九五—五八一七
（業務）〇三—五三九五—三六一五
装幀者 山岸義明
本文印刷 株式会社 新藤慶昌堂
カバー・表紙印刷 半七写真印刷工業 株式会社
製本所 大口製本印刷 株式会社

ISBN4-06-258305-4 Printed in Japan
N.D.C.233.5 232p 19cm

講談社選書メチエ　刊行の辞

書物からまったく離れて生きるのはむずかしいことです。百年ばかり昔、アンドレ・ジッドは自分にむかって「すべての書物を捨てるべし」と命じながら、パリからアフリカへ旅立ちました。旅の荷は軽くなかったようです。ひそかに書物をたずさえていたからでした。ジッドのように意地を張らず、書物とともに世界を旅して、いらなくなったら捨てていけばいいのではないでしょうか。

現代は、星の数ほどにも本の書き手が見あたります。読み手と書き手がこれほど近づきあっている時代はありません。きのうの読者が、一夜あければ著者となって、あらたな読者にめぐりあう。その読者のなかから、またあらたな著者が生まれるのです。この循環の過程で読書の質も変わっていきます。人は書き手になることで熟練の読み手になるものです。

選書メチエはこのような時代にふさわしい書物の刊行をめざしています。

フランス語でメチエは、経験によって身につく技術のことをいいます。道具を駆使しておこなう仕事のことでもあります。また、生活と直接に結びついた専門的な技能を指すこともあります。

いま地球の環境はますます複雑な変化を見せ、予測困難な状況が刻々あらわれています。

そのなかで、読者それぞれの「メチエ」を活かす一助として、本選書が役立つことを願っています。

一九九四年二月　　野間佐和子

KODANSHA

英国ユダヤ人　佐藤唯行
ポル・ポト〈革命〉史　山田　寛
世界のなかの日清韓関係史　岡本隆司
アーリア人　青木　健
ハプスブルクとオスマン帝国　河野　淳
「三国志」の政治と思想　渡邉義浩
海洋帝国興隆史　玉木俊明
軍人皇帝のローマ　井上文則
世界史の図式　岩崎育夫
ロシアあるいは対立の亡霊　乗松亨平
都市の起源　小泉龍人
英語の帝国　平田雅博
アメリカ　異形の制度空間　西谷　修
ジャズ・アンバサダーズ　齋藤嘉臣
モンゴル帝国誕生　白石典之
〈海賊〉の大英帝国　薩摩真介
フランス史　ギヨーム・ド・ベルティエ・ド・ソヴィニー　鹿島　茂監訳／楠瀬正浩訳

地中海の十字路＝シチリアの歴史　藤澤房俊
月下の犯罪　サーシャ・バッチャーニ　伊東信宏訳
シルクロード世界史　森安孝夫
黄禍論　廣部　泉
イスラエルの起源　鶴見太郎
近代アジアの啓蒙思想家　岩崎育夫
銭躍る東シナ海　大田由紀夫
スパルタを夢見た第三帝国　曽田長人
メランコリーの文化史　谷川多佳子
アトランティス＝ムーの系譜学　庄子大亮
中国パンダ外交史　家永真幸
越境の中国史　菊池秀明
中華を生んだ遊牧民　松下憲一
戦国日本を見た中国人　上田　信
遊牧王朝興亡史　白石典之
古代マケドニア全史　澤田典子